U0077697

天下文化
BELIEVE IN READING

耐斯、愛之味共同創辦人

陳哲芳傳

創新・膽識・人和

傅瑋瓊——著

目錄

序
影響台灣民生經濟的企業家

賴清德．中華民國副總統

做為醫界出身的政治工作者，守護國人健康、打造「健康台灣」，一直是我從政以來念茲在茲、最重要的政治願景，而食品安全則是其中的重中之重。

因此，對於耐斯、愛之味集團共同創辦人陳哲芳，從一開始就非常關心食品安全、愛護國人身體健康，具體實踐「健康台灣」的願景，內心早就敬仰有加。

尤其在我國公布實施《食品衛生管理法》之前，食安問題經常對國人健康造成威脅；但在這樣的大環境下，並沒有改變哲芳兄秉持著「良心」、「用心」、「安心」的初衷，成立愛之味集團；愛之味集團也在成立之後，扮演著引導食品潮流、創造消費趨勢的重要角色，其「讓明日更健康」的精神標語，更是道盡了哲芳兄在過去五十年來，對食品安全的重視，讓愛之味挺過數次食安風暴。其次，愛之味集團也成立完全符合TAF及TFDA國際和國家級雙認證的「愛之味中央健康科學研究院」，做為研究企業發展策略、產官學研究，以及原物料與產品的品質管理，可說是愛之味、甚至是食品產業的重要智囊。

二〇一八年受邀拜訪愛之味食品集團時，看見他們在先進設備、專業技術與人才培育的投資，讓我對於集團的研發創新實力留下深刻印象；他們不僅是跨越台灣經濟轉型的重要民生日用品供應商，並且是堅持保持台灣傳統文化美食再創新的食品企業。愛之味在二代接班後更是積極與國際接軌，與雀巢茶品等知名企業合作，在品牌行銷、產品技術等不同面向積極向外拓展。

為協助產業發展，政府持續從智慧化、生物科技及循環經濟創新等角度，推動相關產業連結、創造多元合作機會與商機，讓傳統食品業能創造更高的附加價值。以愛之味為例，其掌握了酵素水解等關鍵技術，開啟了台灣植物奶先驅——愛之味純濃燕麥，是首家台灣自創研發技術足以傲視國際品牌的健康飲品。未來，政府將更加積極協助食品業者，以前瞻的經營模式開發「關注環境，友善身體」的未來性商品，讓台灣的不同世代都保持健康，也能直接增強國力。

哲芳兄已於二〇二一年辭世，但這本書深刻地記錄哲芳兄在食品安全與食品創新開發上精益求精、追求卓越的精神，閱讀完這本書後，我也期盼讀者能找到自身熱情所在，在各個領域發光發熱，最後造福整個國家社會。

哲人已遠，其企業家精神典範卻永遠留傳，期盼耐斯和愛之味集團能繼續和政府攜手擔起衣缽，打造健康台灣，共同為國人的健康福祉打拚，讓台灣繼續閃耀！

序

熱愛工作的實踐家

吳敦義．中華民國前副總統

與耐斯、愛之味集團總裁陳哲芳先生認識，最早是因為地方關係，後來哲芳先生三公子冠翰與我的姪女締結秦晉之好，兩人成為姻親，又更進一步熟識。

印象中的哲芳兄，是一位精力充沛、富有行動力的總裁。就像夫人洪玉英女士形容的：「他的生活，工作排第一，第二是工作，第三還是工作。」每次與他相聚，永遠有一半心思在想公事，因為對他而言，工作就是他最熱愛的事，人生的終極目標也是工作，是一位熱愛工作勝過物質追求的實踐家。

對於工作的執著，也反映在對待家人的態度。毫無疑問，哲芳兄對於家人是關愛的，但就像他對公司同仁與故舊友人，關懷備至卻也要求嚴格，因此，他治家如治軍，堅持「教育」才是「出頭天」的工具，對於子女的栽培不遺餘力，三位公子——冠舟、冠如、冠翰，都是擁有相當學歷的高材生，後來陸續開創自己的事業領域，無論是金融、科技、食品等方面，同樣出類拔萃。

不僅如此，哲芳兄更有大愛，對於家鄉雲林、嘉義子弟的教育，也同樣重視。他成立了陳添濤文教基金會、陳李月女慈善基金會，並且不時舉辦文教、公益活動，為培育鄉里子弟盡心。

秉持對人的關懷，哲芳兄對於企業經營更有自己的堅持。這一點，回歸到哲芳兄的創業初心，也就是書中提到的：「洗髮粉是會接觸身體的個人清潔用品，講求天然、簡單的配方，消費者才能安心使用。」尤其，他認為，人們的生活品質應該隨社會進步而提升，於是，在清潔用品領域，他堅持採用天然配方，避免傷害環境與人體；在食品產業，更是重視食安不遺餘力，透過科技創新來改善品質，提供更健康、可持續的生活方式。

《華嚴經》有云：「不忘初心，方得始終。」一路走來，哲芳兄始終如一的經營理念，就是要打造品質純淨、風味獨特的產品，讓健康落實於生活日月之中。他相信，生活科技的本質應該是為了創造幸福而存在，而不僅是追求技術突破或商業利益。也正因如此，我相信，即使哲芳兄已離我們遠去，他對於台灣的民生產業，都已留下最珍貴的典範。

序
以庶民關懷之心改良日常所需之物

王金平．立法院前院長

二〇一一年七月十日，《自由時報》有篇報導〈「國會故事館」立院小龍會，人生七十才開始〉，報導說：古人云「人生七十古來稀」，現代則是「人生七十才開始」。由立法院院長王金平擔任會長的「小龍會」成員，今年都邁入七十大關。面對人生的重大門檻，「小龍會」的年度聚會將擴大辦理，因為「朋友還是老的好」。

我們一群小龍在歡慶之餘，大家相期在八十杖朝之年，必定再來一次擴大慶祝，不意正當起鼓，卻傳來哲芳兄弟溘然長逝。我們揪心，我們傷痛，蒼天無眼，竟忍奪我摯友，留下了無限的哀思。

哲芳兄弟是金平最為搭心的朋友，因為我們有來自大家庭的相同背景，而且在家族內都擔負了家族企業、事業、祖業的重大決策主導角色。我們常互相交換心得，我們更常相互勉勵，要為家庭打出一片天地。然而，相較起來，哲芳兄的經營頭腦卻是金平難以望其項背。有句話說：生，容易；活也容易，但是生活不容易。在台灣社會經濟條件普遍窮窘的時代，哲芳兄以其銳利的眼光、庶民的關懷，從民生必需品的改良提升入手，把事業做到每個人生活上的必需，潔淨了大家的髮膚，清新了大家的胃口，於是從一九六四年以化工產品起家的耐斯集團開始，日常家用清潔大廠，八〇年代成立愛之味，超夯健康食品，九〇年代創辦劍湖山世界，跨足休閒遊樂業，加上近年跨足金融、科技、生技等產業，年營收近二百億元，已經為家族打下一片江山。

尤其難能可貴的是，哲芳兄自五年前陸續布局世代交替，目前二代各有一片天，家族事業早就完成交棒。而其哲嗣冠舟、冠如、冠翰各在金融、票證與科技、食品等領域，分展長才，有望青出於藍而勝於藍，必將哲芳兄所遺事業發揚光大。

縱觀哲芳先生服膺蘇東坡「博觀而約取，厚積而薄發」的精神，做事業與趨勢同行，打造經典之路，成為運籌帷幄的企業家，建立了共好的網絡，讓消費者能有更健康的明日。

宋代的張載說，達人要「為天地立心，為生民立命」，哲芳先生做到了。

寫到這裡，我不禁想到《周易．繫辭》上說：「形而上者謂之道，形而下謂之器。化而裁之謂之變，推而行之謂之通，舉而錯之天下之民，謂之事業。」由此觀之，哲芳一生可以說若合符節，成就了事業，更是大事業家，足以為後世之典範。哲人其萎，芳流千古，傳出之日金平謹以序之！

序
以食育守護民眾健康

黃敏惠．嘉義市市長

嘉義是一座擁有三百年歷史的老城，擁有醇厚的人文底蘊。所謂「民以食為天」，飲食與市民的生活密不可分，更是在地文化不可或缺的一環；也因此，在我的施政理念中，便曾不只一次提到，健康、營養是一切的根本，我想要透過強化食農教育，打造嘉義市成為一座「能夠讓人感到幸福」的城市。不過，要做到這一點，單靠地方政府的力量仍有所不足，需要有理念、關懷鄉土的企業家共同參與，而出身嘉義的耐斯、愛之味集團總裁陳哲芳，就是最好的實踐者。

在商業領域有所成就之餘，陳總裁長期關心地方發展，推動公益不餘遺力，他對飲食健康的堅持，更是與我長期推動的食育政策兩相呼應。譬如，我常對市民說，「健康」的影響是最長久的，而如同書中提到的，愛之味的經營理念，正是要「讓明日更健康」，並且率先倡導食安觀念，強調「健康又好吃才是王道」。

我與陳總裁認識許久，他最令我欽佩的一點，在於他是一位創新企業家。他在商業競爭中成績斐然，而他的成功，不僅來自於對商業的敏銳洞察力，更來自於他對創新的堅持和努力。

創新才能創造轉機，再加上陳總裁對研發的熱情，他大手筆引進無菌冷充填技術，在一九九〇年代便在集團內打造出台灣數一數二的食品科學研究單位「中央健康科學研究院」，開發出多項取得健康食品認證的產品，讓食育觀念可以深入一般民眾的日常生活。

不僅如此，身為集團的「點子王」，陳總裁將脆瓜、豆瓣蘿蔔、蔭瓜、豆鼓等傳統美食，重新定位為發揚傳統台灣特色的文化美食，讓傳統美食因為創新而成為經典，也讓傳統的食品產業因為饒富創意變得具有新意。

做為嘉義市的大家長，我們非常榮幸有陳總裁這樣一位重視創新的企業家，他的事業發展也對台灣的民生產業發展帶來積極的影響。只是很遺憾，陳總裁在二〇二一年辭世，嘉義與台灣失去一個企業家典範。透過本文，我想感謝陳總裁對嘉義市的貢獻，也期待集團未來持續實踐陳總裁的理念，與嘉義市一起落實珍惜、感恩、永續、順應自然法則的食育新未來，守護在地民眾的健康。

序 父親，好像只是休了一段長假

陳冠舟．耐斯企業副董事長

父親離開得很突然。到現在一年多過去，我們都還不覺得他離開了我們，好像只是去出差，只是這趟出差的時間比較久；又或者是這位「不休假的總裁」，自己跑去休了一個長假。

心頭會有這種感覺浮現，或許是因為和父親一直以來的相處模式有關。

在我們相處的時間裡，父親從來不會條條框框地告訴我們事情應該要如何做。我常跟別人分享，其實「我父親較像是我的老闆」，但這不代表我們相處的時間就只是談工作。他不曾對我們「大小聲」，只是我們從小看著父親開創事業，有成功、有失敗，但他始終熱情不減，從來沒有洩氣過；甚至到了七、八十歲，他還是經常去各地考察，找尋新的商機。甚至，母親曾經說過，自從嫁進陳家後就沒有真正放鬆去旅行過，因為每次行程都是商務考察為主。不過，儘管如此，母親還是一直無怨無悔陪伴在父親身邊。

父親就像一個鎮宅的精神指標。有他在總是讓我的心很安定，想做什麼他都會在旁支持我，讓我不必汲汲營營於短期內一定要達到目標值，可以安心地把事情做好；再加上他很重視教育，像書裡提到的，父親總是說「書能除怯」，多讀書會讓我們更有自信面對各種挑戰，成功的機率當然也就愈大。

父親一直是我們子女的精神支柱，母親是他的賢內助，二人在感情和事業上的同心協奏，讓家族以和為貴、開枝散葉。兄友弟恭的生活教育和三個好媳婦；貞穎、宇芬、莉，以及父親疼愛的第三代孫子也陸續出生，包括：我的四個孩子，彥霖、韻心、瀅心、永心；大弟冠如的三個孩子，譽心、彥中、苡心；以及二弟冠翰的兩個孩子，愛心和四月份剛出生的彥邁。如果時間可以倒敘，我們很想跟父親說：「我們永遠深愛您！」他對我們的愛會如同燈塔般永遠指引我們，只是很可惜沒能有更多時間一起相處了。

這兩年，父親行動比較不方便，但他依舊沒有要休息的打算。甚至，在他離世的那天，我們才說好，要到醫院讓醫生好好檢查，規劃復健行程以恢復行動力，因為「有華人的地方就有愛之味」，這是他長期以來的夢想，父親原本想要再拚一下。雖然最終留下了遺憾，但世代交棒，父親讓我們學會，做事情就是要立下願景向前邁進，也就是他跟我們說的：「做好分內的事，才有好的未來。」

在父親離開一年多之後，我們希望這樣的創業家精神故事可以被更多人看見和懷念。

楔子

開自己的道，走不一樣的路

不忘初心，慎終如始，是通往成功最近的路。不論是人生，或是創業。

帶著一台電晶體收音機、騎著一台摩托車，時年二十歲出頭的陳哲芳，經常穿梭在雲嘉南各鄉鎮主要街道，貼近消費者，聽到收音機傳來「香又鬆，耐斯洗頭鬃」的廣告，才安心地騎向歸途。

六〇年代的台灣，民眾經濟條件普遍不佳，要做個人清潔時，往往用一塊肥皂洗全身，鮮少有人買得起洗髮粉。偏偏，就是那樣的年代，陳哲芳在一九六四年與三哥陳鏡村攜手，選擇了以洗髮粉做為創業之作。

這份勇敢挑戰市場的膽識，結合了陳哲芳的行銷長才，在電視才剛萌芽、民眾的休閒娛樂仍是以收聽廣播節目為主時，他藉由廣播廣告大量行銷，拉近與消費者的距離，賣出一包包「耐斯洗髮粉」，耕耘出一片沃土。

但，為何會選擇洗髮粉這個產品？無論當時或之後，總不乏有人好奇提問。

品質應該隨社會進步而提升

「我們的想法很簡單，就是要天然，」陳哲芳曾道出當年的初心，在於考量到洗髮粉是會接觸身體的個人清潔用品，講求天然、簡單的配方，消費者才能安心使用。

不僅如此，時代的趨勢也在陳哲芳腦中起伏。五〇至七〇年代，台灣民生經濟水準日漸提高，「生活品質也應該隨社會進步而提升，」因此，他希望打破「一塊茶箍洗歸身軀」的習慣，訴求頭、身分開洗的新趨勢，推出頭部專用的洗髮粉。

秉持這份初心，早年陳哲芳負責耐斯企業的行銷、研發、業務時，便是以製造安心的產品做為唯一目標，從洗髮粉到洗髮精、沐浴乳、洗衣精……，從清潔到保養，由個人至全家，一一走入人們的日常生活。

同樣的思維，也體現在他投身食品行業時。

「我要做的是讓家人都能安心食用的產品！」這是陳哲芳經常掛在嘴邊的一句話，也正因如此，七〇年代，他創設愛之味，標榜天然、簡單的配方，而「愛之味」商標更開宗明義揭示：讓明日更健康。其中的信念，不言可喻。

走在時代前端的開創者

兄弟合作無間，奠定耐斯企業成功的基礎，而帶動集團事業發展更上層樓，還需要前瞻的視野。早在六十年前，陳哲芳就開始運用廣告宣傳擴大行銷能量，他的信念是：「只要產品品質好，運用大量媒體廣告，成功的機會就很大。」因此，他邀請當紅影視名人，為耐斯產品代言、證言，快速打開知名度。

「廣告其實就是造夢，把消費者嚮往的生活情境演出來，商品推出時就更容易打動人心，尤其末端消費品更是如此，沒有廣告很難走入消費者心中……」這是陳哲芳數十年行銷經驗的體悟，而為了讓同仁深切認知這一點，集團的所有廣告會議他必定到場，無一例外，並且強調：「做廣告，就要投放在最好的時段，才能達到最大的效果，不能斤斤計較成本。」

扎實的廣告行銷基本功，把這家本土公司推向時代的前端。對耐斯、愛之味集團來說，陳哲芳堪稱點子王，隨時都在動腦、想點子，常有獨到且敏銳的先見與堅持，也熱中直接與消費者溝通，從命名到設計、行銷、廣告都是如此，早年幾乎都是親自操刀，甚至成立廣告設計部門、市調部，自行操作設計問卷與市場調查。

生活是最好的啟蒙者

除此之外，「我是向朋友取經的人，」陳哲芳曾談到，他喜歡和各領域的朋友聊天，聘任許多專家當顧問，尤其熱中與創意人討論事情，從中激發出不同的想法和觀念，常因此衝撞出許多鮮活的創意。

彷彿天生就有一種「行銷人」的特質，陳哲芳對創新的東西特別感興趣，喜歡不斷接觸新事物，也因此培養出靈敏的觀察力和思維，成為源源不絕的創意活泉。甚至，如果當年有人問起陳哲芳的經營之道，他很可能會說：生活往往就是最好的啟蒙者。

許多創意的點子、創新的靈感，都來自於他在生活及工作中隨時用心觀察的習慣。所以，他喜歡逛便利商店、超市、百貨賣場，能夠貼近消費者的地方就是他取經、尋找創意的地方，像是「愛之味脆瓜」四十五年不變的玻璃罐包裝，便是受到高雄崛江商場一家小店商品啟發，打造出美味脆瓜的經典。

要做領導者，不做追隨者

陳哲芳為耐斯、愛之味集團發展打造的另一項特色，是不做追隨者。

他不喜歡一窩蜂，總是不時告誡員工：「如果等到大家都說好的時候才去做，那就只能做追隨者！」因此，在集團中，他有個鮮明的形象，就是喜歡沒有人做過的事，只要聽到新的概念、新的事物，都會讓他眼睛一亮。

開發新產品線時，如果可以複製、跟隨、延伸市面上既有熱銷產品的概念或想法，通常風險相對較小，也比較容易創造業績，但他堅持：「即便要和別人做一樣的東西，也要創造差異化。」

愛之味董事長、陳哲芳三子陳冠翰形容父親：「他最支持研發團隊開發沒有人做過的產品，不喜歡跟隨市場已經火紅的項目。」

陳冠翰以蕃茄汁為例指出，在所有廠商競相推出加鹽的蕃茄汁時，愛之味卻是率先研發甜口味的「鮮採蕃茄汁」，主打健康、好喝的味道，果真打出一片天，只花了三個月就讓愛之味在蕃茄汁的市場占有率從零躍升到六〇％。

但，為什麼陳哲芳能有這樣的動力和魄力？這個問題，不乏業界人士感到好奇。然而，熟悉陳哲芳的人，往往會不約而同這樣回答：「因為他不願做追隨者，要做領導者。他經常掛在嘴邊的話，就是『唯有創新，才能成為領導者』。」

身為企業領導者，具備足夠的見識與魄力，是陳哲芳推動集團成長的關鍵要素之一，讓他對於事業發展所需要的投資，從廣告到機器設備，總能明快、大膽地決策。典型例子之一，是早在一九九八年，就領先業界，引進先進的無菌冷充填設備，當時是台灣唯一一套無菌冷充填生產線，讓「麥仔茶」和鮮採蕃茄汁均能保有天然風味，創造風潮。

不可否認，做沒有人做過的事，如同走一條沒有人走過的路，必定孤獨且辛苦。但，即便辛苦，陳哲芳也「寧願造自己的路，不管是大道或小徑，都是自己的。」

他深信，條條道路通羅馬，努力堅持就會有驚人的力量。

因為有了對設備與技術的大力投資，當陳哲芳提出「喝的燕麥」的概念，便鼓勵研發團隊投入，開發出獨創的生物水解技術，不僅引領市場先河，更創造出每年數億元的燕麥奶市場。之後，從「純濃燕麥」到「咖啡師燕麥奶」，再往下深耕，創新研發出燕麥奶粉，無疑是從零開始造自己的路，最終打造出燕麥奶市場的一片天。

以消費者健康為準繩

對於產品、對於消費者，陳哲芳有始終不曾放棄的堅持。

「品質是不可以妥協的！」他曾如此堅定地說。堅持品質第一、保持原創價值，是他永續經營的重要理念和熱情，「消費者買的是愛之味好吃、高品質，以及安全與信賴。」

堅持品質是一切的根本，四十幾年的歲月淬煉，不僅把愛之味從食品製造工廠精進到食品生技集團，更重要的是，在層出不窮的食安事件中，愛之味總能全身而退，關鍵就在於陳哲芳對設備投資毫不手軟的態度，而且堅決必須從源頭做起。「品保就像國家的國防安全系統」，他曾如此比喻品保的重要，也是他守護產品品質的高規格要求。

九〇年代，愛之味斥資近千萬元，率先引進台灣第一台花生電腦選別機，「用電腦揀ㄟ土豆」訴求讓消費者吃得安心、吃得健康，而消費者的實質回饋，就是「愛之味牛奶花生」締造年銷兩、三千萬罐的紀錄，在罐裝甜品點心市場中稱霸。「只要是對人體健康有幫助，都值得研究，」陳哲芳的研究魂，建立在以消費者的健康為準繩。

做好基本功，才能大膽定價

有了基本信念，又要使企業在符合核心價值的前提下維持獲利，陳哲芳選擇申請政府的健康食品認證標章，做為天秤的砝碼。

「有政府認證的健康食品，一定會成為國人日常飲食的健康指標，」早在一九九九年，陳哲芳即深切體認這個趨勢，對健康零妥協，要讓消費者吃得健康且安心，因此愛之味積極申請健康食品認證標章，如今已是台灣前三大擁有最多「小綠人」健字號的食品集團，來自健康食品的貢獻一年營業額超過十六億元。

「健康食品都不好吃」的刻板印象，普遍存在消費者心中，但健康和美味原本並不衝突。於是，陳哲芳讓「痛點」變成「起點」，做出色、香、味俱全的健康產品，創造核心競爭力。翻轉的推手，是比照國家級規格設立的中央健康科學研究院。

一九九〇年代，陳哲芳將愛之味研發部門打造成台灣數一數二的食品科學研究單位，創造領先業界的新產品中心，在食品安全管理和食品生技發展等領域，延聘四、五十位國內外碩博士人才，斥巨資建置國家級的雙認證實驗室。

要吃得健康、喝得健康，也要美味。健康又美味，成為勝出的不二法門，也讓陳哲芳更有勇氣堅持高定價策略：「好吃又健康的產品，就不要害怕定價貴。」

這是他做為食品業者的責任與驕傲——對自己的產品有信心，自然可以大膽定價。

期許成為引領食品業的先鋒

除了品質不容妥協，創造產品差異化、重新定義產品或市場，也是陳哲芳有自信採取高定價策略的關鍵。

由家庭工廠起家，陳哲芳和兄弟們從使命感出發，帶領耐斯、愛之味集團持續創新，在台灣民生產業留下重要的里程碑。

「只有傳統腦袋，沒有傳統產業，」陳哲芳過去即經常提醒員工，傳統事物不會因為時間而褪色，但要與時俱進，時常保有創新的想法和思維，賦予傳統產品新的意義，才能開拓新市場、新客群。例如，愛之味賣的不只是醬菜，而是賣健康的傳統文化美食；賣的不是飲料，而是健康的功能性飲品；甚至從預防醫學的角度，賣喝的保健食品。

顛覆傳統食品飲料廠的思維，從傳統的罐頭食品、中華美食生產工廠，演化成為領導潮流，專注研發抗氧化、預防文明病等預防醫學食品的生技公司，陳哲芳始終引領愛之味，一路走在時代趨勢的前端。「只要有華人的地方，就有愛之味。」早年在媒體採訪時，陳哲芳曾提出這樣的願景，他帶著集團成為引領食品業界的先鋒，更期許自我，要成為華人食品的指標，把愛之味推向國際。

博觀而約取，厚積而薄發

過去，陳哲芳像轉動企業的大齒輪、是集團的發動機，從使命感出發，不停開創新事業，一路掌握時代脈動和商機，為民生經濟、為家族成員，持續開展事業版圖；二〇一八年六月中，他卸下愛之味董事長，交棒給陳冠翰，推向國際的期許也向下傳承，成為陳家子孫致力實現的目標。

一九四一年出生於雲林縣古坑鄉東和村的陳哲芳，性格中帶有不少念舊、惜情的成分，讓他始終心繫孕育自己成長的故鄉。父親陳添濤過世後，留下「和為貴」的遺言，後來陳家便在雲林老宅附近闢建一座紀念花園，取名「和園」，除了勉懷先人，也為了傳承後代子孫。這樣的用心，在陳哲芳身上可以明顯看見。他喜歡交朋友，無論經商、從政，總是重情重義，正是由於他把「和為貴」當作謹守一生的家訓，同時以此做為自己為人處世的原則。

二〇二一年十月三十一日，陳哲芳於家中病逝。如同好友、世新大學前校長吳永乾對他一生的注解：「博觀而約取，厚積而薄發。」從耐斯到愛之味，以庶民經濟為依歸，陳哲芳洞悉時代脈動，一路掌握商機，而在事業有成之際，仍不忘初心，堅持提供安心、健康的產品，在台灣民生經濟產業發展史中，寫下重要的一頁。

縱觀平生，陳哲芳始終懷抱著使命和夢想，走不一樣的路，開闢出屬於自己的戰場，也為台灣常民生活帶來不一樣的風貌。

第一部

與趨勢同行

從農業社會到工業社會，
一路掌握時代脈動和商機，
選定庶民經濟相關領域，持續開展事業版圖。
耐斯、愛之味集團的成長發展歷程，
猶如一部台灣民生經濟產業史。

1 寫下時代的共同記憶

耐斯洗髮粉一步步走入台灣家庭，
還曾被商人當作替代硬幣找零，
成為伴隨人們成長的重要民生用品。

六〇年代的台灣，是希望萌芽的年代。

第二次世界大戰後，台灣脫離日本殖民時代，在百廢待舉下，自一九五〇年開始，進入長達十五年、十五億美元的美國經濟貸款援助期間，即美援時代（至一九六五年止）；一九六〇年，政府提出「十九點財經改革措施」，以攸關民生及工業需要為首要目標，推動台灣生產替代進口的政策，希望在美援結束後，台灣經濟能夠自給自足。

當年，政府透過高關稅、禁止進口等保護政策，支持生產供應國內市場所需的本土企業，民生產業就是第一波扶植的對象，例如：紡織、機械、食品、化工等，成為早期台灣企業家創業的目標。四、五年級生記憶中「阿嬤級」的耐斯洗髮粉，從一間民房加蓋的三樓、不到二十坪的工廠發跡，至今歷久不衰，就是在六〇年代萌芽、進而茁壯成長的企業代表之一。

兄弟互助，棄公從商

一九六四年，二十三歲的陳哲芳和三哥陳鏡村共同創業，從一包一塊錢的洗髮粉做起，堆砌出洗髮粉王國，奠定近一甲子的事業基礎。

一九五九年畢業於嘉義農校的陳哲芳，退伍後回到老家，當時陳家二哥張鏡琳（從祖母姓）任職古坑鄉公所，陳哲芳後來也考上鄉公所臨時雇員職缺，負責文書工作。陳鏡村比陳哲芳年長九歲，當時已在晉安堂藥廠（晉安製藥廠前身）工作，負責銷售調經丸。

陳鏡村侍母至孝，經常回雲林老家探視母親，知道四弟在鄉公所上班，即對陳哲芳說：「做公家頭路（公務員）沒前途，跟我一起做生意！」六〇年代的薪資水準，當老師月薪大約五、六百元，雇員薪資亦不高。陳哲芳自小和陳鏡村感情甚篤，在三哥鼓勵下，決定辭去鄉公所雇員工作，跟隨三哥到嘉義發展。這個決定，是陳哲芳人生最大的轉折點，而拉拔他從商的三哥，在未來日子裡，不僅是他的兄長，更是他的人生導師。

貴人相助，賺得第一桶金

早年台灣西醫並不發達，民眾生病都尋求漢醫（即中醫）診治，或者毋須醫師處方，就可直接購買中醫成藥自行服用。戰後，台灣製藥工業迅速發展，漢方藥廠、成藥商到處林立，一般婦女若有婦科方面的生理病痛，大多自行購買傳統中藥丸劑服用，以調養婦科症狀。看到商機，晉安堂藥廠創辦人吳大海在一九四八年創設晉安堂，生產「晉安調經丸」。

六〇年代初，晉安堂因調經丸大賺，吳大海不僅樂善好施，且為人非常慷慨，耐斯集團會長陳鏡仁及執行長陳志鴻回憶指出，陳鏡村曾提及，當年吳大海大手筆把晉安的一半獲利分給陳鏡村和同樣在晉安服務的女婿李捷雲，兩人各獲得分紅二十多萬元，並鼓勵他們趁年輕出去闖一番事業。

當年，嘉義中正路鬧區一棟店面的售價不到十萬元，愛國獎券的第一特獎獎金是二十萬元，可見分紅金額之可觀，也成為陳家兄弟創業的第一桶金。

照顧家族，創立明光化工社

父親早逝，非常照顧兄弟的陳鏡村曾跟兄弟們提過：「我們家兄弟姊妹這麼多，是不是該做個事業，讓大家都有飯吃？」

正巧，陳鏡村與好友蔡連樹，兩人都住在嘉義市傳統魚市場附近的永和街上。蔡連樹的工廠，就設置在永和街，生產咳嗽藥粉、洗面霜和痱子粉，賺了不少錢，後來還在嘉義市延平街買了一塊地，提議三人一起蓋房子，蔡連樹、李捷雲和陳鏡村便在三連棟的延平街三七一、三七三、三七五號比鄰而居。

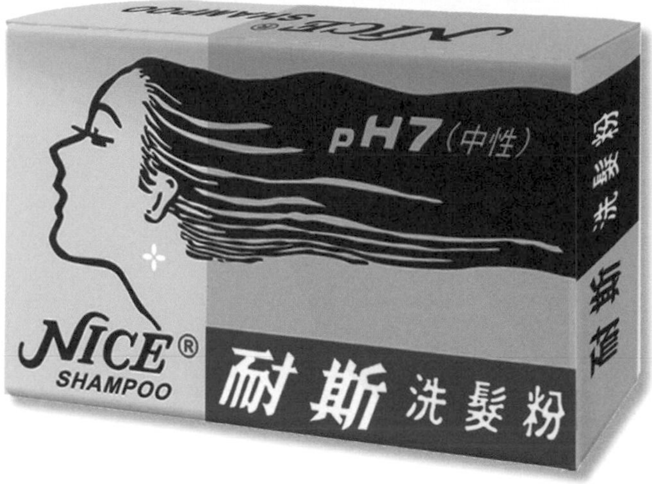

1964年，陳哲芳與兄弟陳鏡村成立明光化工社，
以耐斯洗髮粉做為創業之作。

在六〇年代到八〇年代，三人都曾在台灣經濟發展史上寫下重要的一頁。像是蔡連樹，原本在叔叔的德生堂大藥房產製「咳通」止咳化痰藥粉和「ABS面霜」，一九六四年創業設立英倫美克BK公司，從事食品、面霜等商品買賣，也是六、七〇年代知名的「心心」口香糖、「啾啾」口香糖生產廠商英倫食品的創辦人；李捷雲，則是在一九六七年創立婀娜達，產銷面霜、洗面皂等產品。

此時，正好陳哲芳退伍後初出社會，陳鏡村便決定帶著他一起開創事業。此時，吳大海不僅樂見其成，還親自為他們的新事業取名為「明光化工社」。一九六四年，陳氏兄弟攜手合作，第一個產品「耐斯（NICE）洗髮粉」，就在延平街開啟家族事業的希望之窗。

台灣製皂業蓬勃發展

早年的台灣，要清潔身體，一塊肥皂或香皂就能從頭洗到腳。肥皂、香皂的主要原料是牛油等油脂，可以洗頭、洗身體；但有些生活窮困的家庭，甚至拿洗衣用的肥皂洗澡、洗頭。

台灣民眾使用肥皂的歷史，是從日據時代開始。日本人在台灣設肥皂工廠，製作生產肥皂，後來隨著日本戰敗，日本人及日資企業也退出台灣。

然而，凡走過必留下痕跡。

日本企業留下來的技術、設備，讓台灣的肥皂、香皂製造業蓬勃發展，陸續出現許多肥皂和香皂品牌，像美琪藥皂、瑪莉香皂、南僑肥皂、檸檬肥皂、幽蘭香皂、太陽肥皂、蜂蜜香皂、黑砂糖香皂等，都曾盛極一時。

再加上，早年民生物資缺乏，政府為因應建設需求，規範進口商品要以重建所需原物料和機器設備、民生日用必需品為主，行政院更在一九五一年四月頒布《禁止奢侈品買賣令》，明文規定「不得由國外進口、銷售化妝品與肌膚保養品」，使得台灣清潔用品更幾乎都是肥皂的天下。根據台灣區肥皂工業同業公會（台灣清潔用品工業同業公會前身）的統計，從一九四八年公會成立到一九五八年，十年間台灣肥皂工廠從原來的三十幾家急遽增加到一百多家，競爭之激烈可見一斑。

不過，五〇年代開始，情勢悄悄改變。一九三二年，日本花王公司研製洗髮專用的肥皂，以「Shampoo」為名；到一九五五年，花王把香皂材料製成粉末，用鋁箔袋包裝，標榜中性的洗髮粉，改變人們用肥皂洗髮的歷史。

洗髮粉市場三足鼎立

以洗髮粉洗頭的風氣，開始在台灣默默醞釀。

一九五八年，脫普化工推出台灣第一包洗髮粉，讓台灣民眾有了區隔洗頭、洗身體產品的概念，對清潔觀念較為講究、經濟能力較高的民眾，開始嘗試「頭」、「身」分開洗，脫普在當時的台灣市場可謂一枝獨秀。

大環境的變化，也在推波助瀾。

五〇年代至七〇年代，台灣人民的衛生習慣意識逐漸抬頭，且為防治頭蝨，公共衛生教育開始宣導「勤洗頭」的觀念，以專用洗髮粉洗頭日漸形成風氣；再加上，經濟發展的成果，使人民所得成長，生活水準日漸提高，帶動洗髮、洗澡等清潔用品銷量成長。

六〇年代，變化更加劇烈。

首先，實施十年的禁奢令在一九六一年廢止，洗髮粉創始者日本花王在退出台灣近二十年後，於一九六四年回歸，和台灣人合作成立台灣花王；同時，明光化工生產的耐斯洗髮粉，也在一九六四年推出上市。不過，花王來台灣設立的第一間工廠，到一九六六年才完工啟用，導致耐斯洗髮粉反倒比花王洗髮粉早了兩年在台灣問市。

諸多因素加持，台灣的洗髮粉市場在一九六六年至一九七〇年左右進入蓬勃發展時期，且整體而言，可以說是由耐斯、脫普和花王三大品牌齊分天下。

住家即工廠，起家厝奠定根基

耐斯在洗髮粉市場鼎足而立，但工廠規模還不大。七〇年代的台灣，流行的經濟模式是「家庭即工廠」，耐斯剛開始做洗髮粉時，也不例外。

「那時四哥和三哥就住在嘉義市延平街，」陳家么弟、耐斯總經理陳鏡亮，至今仍清楚記得耐斯的「起家厝」，隨口唸出靠近嘉義火車站市區地段住家的地址。

陳哲芳到嘉義工作後，與三哥一家住在延平街，同住的還有小他四歲的六弟陳鏡堯，當年就讀嘉義高中二年級。「我和總裁（指陳哲芳）同睡一間通鋪，」陳鏡堯記得，臨睡前，兄弟倆偶爾會聊聊天，有一天陳哲芳興奮地說：「我們做洗髮粉好不好？」但緊接著，他又喃喃自語：「洗髮粉要怎麼做？」

「耐斯是從一張桌子開始的，」陳哲芳多年好友許坤德，早年是日本高砂香料在台駐在員（駐外人員），他印象非常深刻，第一次到嘉義市延平街拜訪時，一樓是客廳兼辦公室，只擺著一張辦公桌。高砂香料是耐斯早年的原料供應商之一。

耐斯洗髮粉的發跡處，是縱深狹長的兩層樓樓房，一樓有個小庭院，進門後，前面是辦公室，後面是廚房和餐廳；二樓有三個房間，用石棉瓦加蓋的三樓頂樓則是工廠，空間不到二十坪。「買進來的一大桶原料就放在樓梯底下，四哥每天都會事先調配原料，用容器仔細量測香精和白色原料粉末的比例，調好再拿到三樓給工人包裝，」陳鏡堯回憶當年三哥和四哥克難創業的過往，如今仍歷歷在目。

「他總是穿著汗衫、短褲，從身後的櫃子裡拿出配方，坐在矮凳子上，攪拌著洗髮粉，」陳鏡村長子陳志鴻出生於一九六一年，當時大約五、六歲，依稀記得四叔的身影，「那時配方鎖在櫃子裡，只有父親和四叔知道。」

剛創立時，員工只有五、六個，「工人拿著一支像湯匙一樣的方型勺子，從原料桶中舀起白色粉末，倒進鋁箔袋，用（高週波）機器一壓，一小包一小包的洗髮粉就包裝完成，」陳鏡堯記得，金屬製的方型勺子充填粉末裝袋時不好操作，他還幫忙改良成畚箕狀，加快填裝效率；再調整封裝機的速度，把原本一次只封口一包，改良成一次兩包……。當年的高中生，近六十年後，述說著參與草創歷史的時刻，仍難掩激動。

品牌與企業合一，拓展經營觸角

「一包洗髮粉賣一塊錢，每五小包裝在一個小紙盒裡面，」陳鏡堯說，這是耐斯的創舉，和脫普及花王兩包相連的包裝不同，消費者可以一包一包買，也可以一次採購一整盒五包。此時，耐斯洗髮粉已闖出名聲，明光化工社反倒沒沒無名；陳哲芳認為「耐斯比明光更像一家公司的名字」，於是在一九六六年，明光化工社正式改名為耐斯企業，品牌和企業合而為一。

隨著洗髮粉業績愈來愈好，工廠和倉庫空間不夠，他們陸續租下附近五間一層樓空屋當倉庫；住家對面原本是一間閒置的醬油工廠，也租下來當工廠；同時又租下隔壁一棟兩層樓的木造樓房，一樓當倉庫，二樓做為員工宿舍。

從租屋的情況，不難看出當時擴張的速度。考量長遠發展需求，耐斯企業在一九六八年左右，買下一處約二千坪大的果園（即今日耐斯百貨廣場、耐斯王子大飯店現址），準備興建工廠，擴大營運規模。那是耐斯的第一個里程碑，陳家兄弟多角化發展的企圖心，也在此時展現。

然而，耐斯的第一步，過程克難卻可謂平順，沒想到往下一步邁進時，卻意外失足。

從挫折中成長

「NICE KISS口紅」是耐斯的第二項產品，一九六七年年底，剛退伍第三天就加入耐斯的陳鏡仁記得，那時在斗六租下一間平房，做為口紅生產工廠，由二姊夫葉河清負責。

「生產的口紅有兩種，一種是像化妝粉盒一樣掀蓋式的盒裝口紅，另一種則是管狀口紅，」陳鏡仁說，「但是，我們做的口紅會『流汗』，那是耐斯第一個失敗的產品。」

口紅的主要組成材料是油脂、蠟和色素，再加上少量的防腐劑、抗氧化物及香料。由於台灣天氣炎熱，蠟因熱膨脹產生間隙而流出油脂，在口紅表面形成小水珠狀的凝結，像冒汗一樣。堅持了一、兩年，耐斯便結束口紅生產。

決定放棄的原因，一方面是製造技術始終無法解決口紅「冒汗」問題，一方面是在物資缺乏的年代，百姓但求生活溫飽，消費水準普遍不高，口紅畢竟是「奢侈品」，當時成品庫存相當驚人。耐斯總廠長張志毓回憶，曾聽一位資深業務員和陳鏡村對話，指著塞滿轎車後座和後車廂的口紅說：「阿村，你知道這些值多少錢嗎？可以買三間厝。」當時的三間房子，大約就是三十萬元。

不過，陳家兄弟擴張事業的腳步並未停歇，在租下的那間醬油工廠生產耐斯的第三項產品——牙膏。

當時，耐斯以創新的「維他命牙膏」打頭陣，再推出兒童專用的「ㄅㄆㄇ牙膏」，一度造成市場轟動。但在那個年代，國民所得普遍偏低，民眾經濟能力有限，能專門為小孩買牙膏的家庭畢竟只是少數，「ㄅㄆㄇ牙膏」上市一、兩年就停產；更早推出的維他命牙膏，後來也敵不過幾乎成為國民品牌的「黑人牙膏」（二〇二一年宣布改名「Darlie好來」牙膏）。終於，耐斯的牙膏事業僅維持五、六年光景，便宣告退出。

幸運的是，新產品推出接連失敗，原有的洗髮粉事業仍舊蓬勃發展，耐斯的營運並未傷筋動骨，但若要持續成長、擴大經營，將需要資金周轉。問題是，此時陳家兄弟已支出二十多萬元蓋房子，耗費了大半儲蓄，創業後更幾乎用盡所有資金。財務捉襟見肘，向銀行借貸，成為當時唯一出路。

然而，「早年耐斯曾向一家銀行申請貸款五萬元，請來吳大海出面保證，結果銀行只核貸三萬元，」陳志鴻說，銀行無法雪中送炭，陳鏡村大失所望，從此不再和那家銀行往來，並在迫不得已的情況下，轉而向親友調頭寸。

幸好，陳家有一位姨丈是醫師、一位姑丈是議員，獲得金援後，解了燃眉之急，事業也如預期般欣欣向榮，不多久就償還了向親友借貸的款項。

廣播廣告闖出天下

因為捨得花錢，大量投放廣播及雜誌廣告提高聲量，帶動耐斯洗髮粉成為家喻戶曉的知名商品。而能在短短幾年便闖出名聲，陳哲芳先進的行銷意識功不可沒。

六〇年代，廣播、雜誌、電視等媒體陸續成立，包含台灣第一家電視公司——台灣電視公司（台視）在一九六二年開播、一九六五年《讀者文摘》發行中文版、一九六八年《婦女雜誌》出刊……，都成為行銷廣告的最佳工具。

創業之初，耐斯在廣播電台大量投放廣告，為了確認廣告觸及聽眾的效果，陳哲芳經常騎著摩托車在雲嘉南等地區的鄉鎮到處跑，親自田野市調普查廣告收聽情況。

「以前約會時，他都騎著摩托車載我去廣播電台，」陳哲芳夫人洪玉英笑著說，他是工作狂，即使和女朋友約會，工作也擺第一。

善用大量廣告及行銷，加上廣告用詞通俗，能深入民心，拉升耐斯的知名度，產品穩定成長，很快站穩市場並走出一片天。然而，除了廣告效應，耐斯洗髮粉銷路的爆增，六、七〇年代的硬幣短缺現象也有推波助瀾之功。

斷幣時代，以洗髮粉代替零錢

一九六〇年之後，一元、五角等硬幣的市場流通量愈來愈少，許多做民生用品的商家經常沒有零錢找客人，只好以「物」代「幣」，拿商品替代找零錢。當年市面上硬幣大幅短缺，主要是政府發行鑄造硬幣的數量並未跟上經濟發展及民間需求，又因原料短缺使鑄造量減少，社會上硬幣流通量愈來愈少，導致供不應求。

究其原因之一是，政府在一九六〇年推行「十九點財經改革措施」，第一項就是鼓勵儲蓄，當時家家戶戶幾乎都有大大小小的竹筒、撲滿、存錢筒，導致大量硬幣零錢儲存在家裡。

其次，六〇年代末期到一九七〇年，可撥號、投幣式的公用電話開始出現在街頭，在沒有手機的年代，民眾習慣儲備零錢，以便外出時可撥打公共電話。

第三個原因，則是國際金屬價格高漲，造成一元、五角流通在外的硬幣嚴重短缺。鑄造硬幣主要的材料成分是銅、鎳、鋅等金屬，但在一九六五年之後，國際銅價一度高漲，硬幣的金屬價值高於面額，部分商人開始大量收購一元、五角等硬幣，鎔化取得金屬後販售，這種社會現象在一九六七年達到最高峰，民間硬幣流通量銳減。

更大的引爆點，是七〇年代初，台灣史上備受矚目的「斷幣時代」。

一九七一年，台灣退出聯合國，全台籠罩著動亂的氛圍，市場謠傳一元、五角硬幣被回收拿去做子彈，市場流通更少；再來就是一九七三年、一九七四年國際間發生所謂的第一次石油危機，不僅石油價格爆漲，原物料、基本金屬價格也大漲，一塊錢的金屬成分價值已高過一元——當時市場上甚至傳聞，坊間許多金屬相關業者，例如，金飾業者，因物料缺乏而大量囤積硬幣再鎔化取得金屬材料，使得缺幣情況愈演愈烈。

市井商人沒有零錢可找，就以「物」代「幣」，以一元洗髮粉代替一元零錢找給消費者，直接間接促進耐斯洗髮粉的銷量。「那時候洗髮粉的銷路大好，經銷商都抱著二、三十萬元現金到公司給董事長（陳鏡村）排隊搶貨，」陳鏡仁描繪當年的盛況說：「生產的洗髮粉剛包裝好，就一箱一箱被經銷商拿走。」

銷路大好，仿冒偽造層出不窮

八〇年代之前，台灣民眾對於商標等意識薄弱，相關法規也未完全，導致仿冒事件層出不窮，一度曾有「仿冒王國」之稱。耐斯洗髮粉上市後，很快站穩市場，也引起不肖業者覬覦，在一九七〇年左右，開始出現偽造耐斯商標的洗髮粉仿冒品。

某天，耐斯公司收到消費者投訴，指控洗髮粉品質變差，使用後竟然讓頭髮變成紅色。陳哲芳一聽大驚失色，立刻請消費者寄回購買的洗髮粉。收到產品後，一一檢視研究，發現竟然是偽造的。於是他們開始布局，從雜貨店循線往上追查，發現仿冒工廠來自彰化，警方很快破獲偽造工廠，耐斯也向彰化地方法院遞狀，控告對方仿冒商標。

「那件仿冒案的刑庭（刑事法庭），就是我召開的，」燿華電子、金鼎集團會長張平沼回溯當年說，一九七一年他被分發到彰化地方法院擔任推事（現在統稱為法官），正好負責審理此案。

一般仿冒商標案件刑期最高兩年，大多獲得輕判，若判刑六個月以內還可易科罰金。原本罰則就不重，再加上這起案件審理期間，適逢政府為紀念建國六十年實施減刑條例，總統令公布自當年十月十日開始實施，且溯及既往，在一九七一年八月十六日以前犯罪者可以減半刑期。

開庭前，對方甚至語帶輕蔑，對陳哲芳冷笑說：「陳總，我運氣較好，剛好遇到減刑。」

但張平沼認為，仿冒品對公司商譽影響甚巨，決定加開辯論庭，重判對方十六個月，即使刑期減半也不得易科罰金，必須入監執行，希望處以重罰以示警惕，喚起社會對企業商標的重視。

沒想到，之後，又發生一起更大的仿冒案。

一九七一年年底，張平沼從彰化地院轉調新竹地檢署任檢察官，隔年再調任台中地檢署。之後某一天，刑警隊接獲指示，要到水湳一處工廠搜索，行前要向法院申請搜索票，當天值班的檢察官恰巧是張平沼。他一看申請書便說：「又是耐斯的仿冒案。」

「檢察官，您要不要到現場？」當天申請搜索的警務人員問道。

一般向法院申請開出的搜索票，搜索範圍僅限於書面所載，但若檢察官在場，便可隨時因應現場情況搜索，於是張平沼親自帶隊前往。到了現場一看，工廠規模之大、堆滿的洗髮粉數量之多，令檢調一行人瞠目結舌。事後，他遇到陳哲芳，還調侃說：「假工廠比真工廠的規模還要大。」

「曾有一次，查獲七大卡車仿冒的洗髮粉，還得租用附近學校的禮堂存放查扣的洗髮粉，」陳鏡仁說起，當年他經常出入刑警隊報案，為追查仿冒疲於奔命。

仿冒案對耐斯的業務和商譽造成不小影響，無奈早年《公司法》、《商標法》等制度並未健全，後續仿冒事件仍層出不窮，持續好幾年才逐漸平息。

伴隨成長的記憶

當年一包賣一塊錢的耐斯洗髮粉，就這樣一包一包走入百姓家中，成為伴隨台灣人成長的重要民生用品。曾經的三大洗髮粉知名品牌——耐斯、脫普和花王，如今只剩下耐斯仍生產銷售洗髮粉，飄香將近一甲子，歷久彌新。

乘著六〇年代希望的翅膀飛揚，從一塊錢洗髮粉創造出的耐斯傳奇，標記著近六十年來台灣社會、經濟發展的軌跡，不僅是陳氏家族胼手胝足打造出至今屹立不搖的企業集團，更成為一個時代的共同記憶。

「耐斯」讓陳家開啟了嶄新的篇章。

2 帶來潔淨的日常生活家

當許多國人仍舊全家共用一塊肥皂時，
耐斯把握時機，推出沐浴乳產品，
為企業朝個人及家用清潔品市場發展奠定良好基礎。

「那烏黑迷人的秀髮，彷彿是無言的、愛的傾訴……一看她，就知道是用566……」

一九七七年，耐斯「566洗髮精」唯美式廣告在電視上密集放送，當紅明星陳莎莉在影片中盡顯無限風情，讓秀髮烏溜溜的「566」隨之大受好評，成為本土洗髮精品牌的代表。七〇年代，是台灣清潔用品從粉狀、固態走向液態化發展的起點。「566洗髮精」爆紅，奠定耐斯在八〇年代之後快速邁向日用清潔用品領導品牌的基礎。

不過，「566」並非台灣第一支洗髮精品牌，且在一九七三年即已研發上市，之後經歷四年的「土洋競爭」，最終脫穎而出，耐斯旗下品牌從此煥然一新。

迎向清潔用品液體化時代

回溯台灣的洗髮清潔用品歷史，在七〇年代以前，一般民眾還是用「茶箍」（茶籽榨油剩下的渣餅研磨成粉末）、肥皂或洗髮粉洗頭。一九六四年，耐斯才要踏入洗髮粉市場，當時獨占洗髮粉市場的脫普已推出第一瓶洗髮精上市，只是由於價格不菲，銷售通路鎖定各地美髮理容店，目標客戶設定在會上美髮店洗頭、燙髮的高消費族群。

真正掀起台灣洗髮精風潮的，是美國品牌「綠野香波」。

一九七二年，美國可麗柔（Clairol）公司推出一款青草香味的洗髮精，台灣必治妥（Bristol-Myers）公司將它取名為「綠野香波」，在一九七三年引進台灣市場。電視廣告中，一位金髮美女在森林中的小河裡，用一瓶漂流而至的綠野香波洗頭，用動畫呈現的插畫式廣告讓台灣民眾耳目一新。

不過，剛引進台灣時，綠野香波定價一二〇元一瓶。根據《聯合報》一張一九七三年拍攝的小吃店歷史照片，一碗魯肉飯三元、肉焿麵六元，對比當時的台灣物價，可想而知，價位之高檔，堪稱是一般民眾消費不起的奢侈品。

「香波」是取自「Shampoo」的音譯，讓台灣人開始認識洗髮精；之後，陸續有耐斯「566」、脫普「333」、花王、南僑「洋洋洗髮精」、金美克能、寶鹼「海倫仙度絲」等洗髮精品牌，如雨後春筍般問市，綠野香波也在諸多台灣廠商加入競爭後，於一九七八年降價至一瓶八十九元，民眾用洗髮精洗頭的習慣逐漸養成，使得七、八〇年代的台灣洗髮精市場展開一場熱鬧的土洋大戰。

「一九七三年，耐斯已研發生產出566洗髮精，」耐斯總廠長張志毓說，當年他還是嘉南藥學專科學校（二〇一四年更名為嘉南藥理大學）學生，寒、暑假時在耐斯工讀，就見過工廠出產的566洗髮精。張志毓是陳哲芳二哥張鏡琳二子，退伍後，一九七七年八月一日加入耐斯，一個人包辦研發、品管、生產三個部門。

「那時候，耐斯只有洗髮粉和566洗髮精兩項產品，」張志毓說，當時洗髮市場仍以洗髮粉為主流，以「烏溜溜」諧音命名的「566」上市後，一開始並未嶄露頭角；一直到一九七七年，以當紅女星陳莎莉拍攝驚鴻一瞥的夢幻唯美廣告，讓鏡頭前的消費者驚豔不已，「566」才因而打響知名度。

打下洗髮精市場江山

打開知名度後，566洗髮精突出的香味、曲線型的瓶身，在當時造成不小的迴響。「那時，一瓶二五〇毫升的566洗髮精售價大概是五十元，」耐斯企劃部第一位員工、愛之味食品生技集團行銷企劃總監沈崇崧說，當年剛出社會，在廣告公司上班的他，買下人生的第一瓶洗髮精就是「566」，「因為很貴，洗到最後，我還把瓶身倒過來，用到一滴不剩。」他記得，當時一般大專畢業的社會新鮮人月薪約在四、五千元之間。

早年，不論是洗臉、洗頭、化妝、保養的產品都是奢侈品，有能力出國的人，回國時會買美國的「露華濃」、日本的「黑砂糖香皂」當伴手禮，當時耐斯將「566」設計包裝成「美的祝福」禮盒，加上廣告推播，成為風靡一時的年節饋贈禮品。

除了明星代言的廣告效應，「566」標榜是唯一含有蛋黃素（Lecithin）的洗髮精也是一大原因。蛋黃素即卵磷脂，是存在植物組織或蛋黃中的黃褐色油脂性物質，例如：在大豆中的大豆卵磷脂和在蛋黃中的蛋黃卵磷脂。添加蛋黃素的「566」成為市場話題，並引起業界效法，脫普「333」和耐斯「566」在八〇年代初，展開激烈的蛋黃油和蛋黃素大戰——在輿論熱烈討論下，竟意外引起消費者誤解，直接拿蛋黃洗頭髮，可見市場之瘋狂，而耐斯也因「566」火紅，打下洗髮精市場江山。

帶動頭髮保養風潮

一九七八年之後，耐斯在洗髮精、潤髮乳等頭髮清潔保養系列產品上，提供消費者多樣選擇，例如：「耐斯嫩舒潤髮乳」、「耐斯蛋白洗髮粉」、「566營養潤髮乳」，把洗髮產品從潔淨提升到保養功能，帶動全新的秀髮保養風潮。

八〇年代中期之後，頭髮護理產品進入戰國時代，耐斯也以多品牌策略迎戰。

一九八五年，耐斯推出「荷荷葩洗髮乳」，強調採用天然荷荷葩（jojoba）提煉的荷荷葩油成分，製成洗髮乳後提供豐富的維生素，讓秀髮更滋潤。當時一句膾炙人口的「燙髮像戀愛，期待又怕受傷害」，著重在改善燙髮受損髮質，成為流傳許久的廣告金句。

一九八七年，耐斯推出海鳥洗髮系列，並一口氣推出三款心情洗髮精，以陰天、晴天、下雨天區分三瓶洗髮精，可以看天氣選用不同的心情洗髮，意外捧紅鄭怡主唱的〈心情〉，成為一九八七年下半年台灣火紅的歌曲。可惜，這個針對年輕族群市場的企劃，在短期內成功創造話題，卻因延續性不足，很快為後起之秀取代。

從一九七三年推出至今，「566」是耐斯的品牌代表之一，從洗髮、潤髮、染髮到護髮，大多打上「566」品牌，並持續研發各種功能性洗髮清潔產品，可說是台灣頭髮護理品牌的長青樹，五十年屹立不搖。

強化個人衛生觀念

「566」成功上市之後，陳哲芳一度想針對肥皂再下功夫創新，製造透明香皂。一九七八年一月，他聘請畢業於日本東京工業大學的技術專家手原隆夫（後來成為日本

DHC化妝品公司最高技術顧問），傳授張志毓研發技術。張志毓說：「我是第一個學做透明香皂技術的人，但當時只做了一些設備，研發後並沒有做出透明香皂成品。」

一九八〇年間，有一天晚上，陳哲芳的友人來訪，相約外出喝咖啡。當時耐斯工廠也是住家，年僅二十五歲的張志毓住在那裡，就當小跟班負責開車。那時洗髮精已逐漸流行，一行人在咖啡廳閒聊時，友人問：「Tetsu（陳哲芳日文名字），你們怎麼不做沐浴乳？」一八〇年代的台灣，絕大多數民眾是用肥皂洗澡，而且往往是家人共用一塊肥皂。

「那時，市面上只有一支『美爽爽沐浴精』，」張志毓說，當時它號稱是台灣第一個液體沐浴產品，但洗完身體會「滑滑的」，感覺像沖不乾淨，銷路始終無法打開。於是他一邊聽著，一邊心想：「可以研究做不『滑』的沐浴乳。」

於是，他利用跟手原隆夫學習的透明香皂製造技術，研發出洗完後皮膚會「澀澀」的沐浴乳。耐斯的第一支液體化沐浴產品，在一九八〇年誕生。

在台灣，大人呼喚小孩洗澡時，經常會說「洗澎澎囉！」打水聲音如同澎澎（ponpon），經過創意發想，陳哲芳拍板確定，新產品以「澎澎」命名。「澎澎香浴乳」是台灣第一支成功上市的沐浴乳，改變台灣人全家共用一塊肥皂的習慣，強化個人衛生觀念，不僅帶動了流行風向，更奠定了耐斯朝向個人及家用清潔用品領域發展的決心。

「一般人可能兩、三天或三、五天洗一次頭，洗髮精一次用一點點，但幾乎會天天洗澡，且洗全身面積大，使用的量多，沐浴乳市場絕對比洗髮精還要大，」沈崇崧說。

在行銷團隊建議下，陳哲芳決定極力推廣沐浴乳，投注大筆廣告費專注經營「澎澎」品牌。由於敢花錢做行銷，參考國外行銷品牌的概念，成功創造「澎澎」的品牌魅力，讓消費者習慣用沐浴乳洗澡，鼎盛時期創造的毛利曾高達七、八成。

持續翻新產品特色

九〇年代，國際品牌大舉叩關，歐美與日本等跨國企業集團全面進入台灣市場，挾著龐大的組織人力、全球行銷經驗、多樣化的產品和國際品牌形象等優勢，讓許多本土品牌黯然失色，一一退出市場；相對地，澎澎香浴乳卻一路穩健成長，不僅成為耐斯最成功的產品，更可說是本土自創品牌的驕傲。

為何能夠做到？

分析「澎澎」的成功之道，首先，是提升品質。

耐斯對於「澎澎」的定位，不只設定為沐浴乳，更標榜它是肌膚的保養品，不斷研發提升品質，例如：強調滿足女性愛美、重保養的天性，首創將玻尿酸、珍珠粉等用在臉部的頂級保養品成分，加入沐浴乳中。

其次，是發展更多產品線。

「澎澎」是耐斯在沐浴乳戰場的主力，但仍幾乎每十年便創新出一個品牌，例如，一九九一年，耐斯推出「嚕啦啦沐浴乳」，主打兒童市場，但仍強調它是全家人都能使用的溫和沐浴乳。

第三，推動品牌年輕化。

有感於使用澎澎香浴乳的客層日漸老化，為使品牌年輕化，耐斯在二〇〇四年再推出副品牌「莎啦莎啦」，強調含有日本專利玻尿酸成分，訴求目標為年輕女性。「莎啦莎啦」取自日文SARA SARA的音譯，意味洗後皮膚光滑有如少女般青春。

隨著市場變化，從全家人到兒童、從年輕女性到後來專為陽剛男性打造的「澎澎MAN」沐浴乳、洗髮乳、洗面乳全系列產品，耐斯在澎澎香浴乳領軍下，不斷翻新產品特色，堅守台灣沐浴乳市場四十年。

下一步，進軍居家清潔用品市場

清潔用品一般可區分為兩大類：一是個人清潔用品類，例如：香皂、藥皂、牙膏、洗面皂、洗面乳、洗髮粉、洗髮精、潤髮乳、沐浴乳等；二是居家清潔用品類，包含家庭清潔類，例如：洗碗精、地板清潔劑、浴廁清潔劑等；以及衣物類清潔劑，如：洗衣粉、洗衣皂、洗衣精等。其中，耐斯從洗髮粉切入個人清潔用品，發展到牙膏、洗髮精、潤髮乳，從洗頭再發展到洗澡的沐浴乳，下一步就是進入居家清潔用品市場，而首先進入的是廚房的洗碗產品。

六、七〇年代，由日本引進沙拉脫，是台灣人耳熟能詳的碗盤、水果類清潔劑的代名詞，但許多家庭仍習慣拿洗衣粉、肥皂等合成清潔劑洗碗盤、鍋具；直到七〇年代中後期，台灣經濟起飛，人民所得增加、生活水準提高，一般消費者才逐漸接受使用洗碗盤、水果專屬清潔劑的觀念；而一路走到八〇年代，市場規模日益擴大，競爭廠商愈來愈多，但此時環保意識逐漸抬頭、純天然原料盛行，洗餐具、洗蔬果的清潔用品也出現了多元化的需求和品質要求。

推出以天然、無害為訴求的洗潔精

看到這股環保、健康的趨勢，耐斯在一九八六年推出「泡舒洗潔精」，強調不傷害環境，採用天然椰子油配方。沒多久，就成為台灣第一瓶榮獲「環保標章」的洗碗精，也是耐斯熱賣至今的明星商品之一。

「不僅原料品質要求天然、對人體無害，連使用的香精也同樣堅持，」沈崇崧說。只是，這項堅持讓耐斯嘗到了苦頭。

早年，耐斯為講求絕對天然的本質，曾研發一款以棕櫚油為基底，純天然、不添加香精、無色素的泡舒洗潔精，甚至獨創添加海鹽，但是推出後，發現家庭主婦並不賞識。市調後才了解，添加檸檬或柑橘味道的清潔劑，洗碗時聞起來很舒服，可以增進人們在做家事時的愉悅感；反之，無色無味的洗碗精，就少有消費者願意買單。

過去耐斯產品以個人清潔用品為主，香味是重要的決勝關鍵，陳哲芳向來對香味有獨到且敏銳的先見與堅持，而這個例子更讓他們體悟到，好的產品也要有好的香味襯托，只是對於天然、健康的要求不能打折。因此，耐斯找上從創立之初便持續合作的日本高砂香料公司，有一款「泡舒」產品甚至採用添加在汽水內的食用級香精，讓消費者不僅在清潔餐具時可以安心，還能同時擁有香味帶來的愉悅感受。

九〇年代，耐斯全面在家用清潔用品場域開疆闢土。然而，七〇年代開始，台灣的洗衣清潔用品市場便由兩大品牌雄踞天下：一是白蘭洗衣粉（原為台灣本土品牌國聯工業生產，後為聯合利華收購），另一則是花王，先後有「新奇洗衣粉」和「一匙靈」等產品推出，一路穩占洗衣粉市場到九〇年代。

推出台灣第一瓶不含螢光劑的洗衣精

面對國際大廠的豐沛資源與領導品牌優勢，耐斯該如何做？

此時，耐斯看見趨勢的變化——洗衣粉開始走向液體化，像美國寶鹼的「汰漬」

（Tide），帶動了洗衣精的流行，耐斯行銷團隊也開始研究洗衣精市場。

然而，耐斯起步得晚，要與國際大廠競爭，主打天然原材料之外，還必須創造更多附加價值，才有機會搶占市場。

創新的啟發，來自生活。

有了小孩後，沈崇崧發現女兒從小就容易過敏，才了解在生活環境中及居家用品，例如：枕頭、被單等，都會有許多塵蟎引起各種過敏症狀。他心想：「有沒有可以防止塵蟎的洗衣精？」有了新的想法，行銷及研發單位開始研究相關資料，發現自尤加利樹萃取的精油，防治塵蟎效果極佳。

於是，鎖定嬰幼兒衣物，添加澳洲尤加利樹精油的「白鴿洗衣精」在一九九四年推出時，在洗衣精史上寫下紀錄——台灣第一瓶不含螢光劑、對人體及環境無傷害，且具有防蟎、抗菌功能的洗衣精。白鴿洗衣精不僅標榜天然、防蟎、抗菌，甚至拿到澳洲蒙納許大學（Monash University）九九．九％防蟎率的實驗證明；此外，行銷團隊找來化工、法學雙博士邱彰代言，喊出「邱彰檢驗、邱彰推薦」。產品有特色、專家認證，又主打嬰幼兒適用產品，不僅成為台灣知名的洗衣精品牌，更獲得中國大陸民眾青睞。

「從二〇一五年到二〇一八年，廠商甚至直接到台灣家樂福賣場下訂單，每一年幾乎都是一百個貨櫃以上運往中國大陸，持續到疫情之前，都是如此，」沈崇崧說。

區隔化策略，牽制兩大品牌

企業經營在享受成功之際，也不能忽略潛在危機。

八〇年代，洗衣機盛行後，台灣洗衣粉的需求大增，白蘭和花王的競爭更加激烈，幾乎是價格「肉搏戰」，但洗衣粉毛利非常低；相對，起步較晚的耐斯，則是選擇從高階消費者切入，做出市場區隔。

此時的耐斯，「566」在洗髮精市場的地位已經穩固，決定把市場攻防的主力放在澎澎香浴乳。於是，為了避免聯合利華和花王也把觸角伸到個人清潔用品領域，陳哲芳和行銷團隊決定，仿效國外品牌戰的經驗，將對手牽制在特定區塊，讓雙方只在一部分的產品競爭，藉以保護其他更大範圍的產品市場不受影響。

這樣的策略，落實到執行面，就是用低價的洗衣粉牽制兩大品牌，讓他們被迫回防洗

除了發展自有品牌，陳哲芳（上圖左、下圖中）也積極開展國際合作。八〇年代，他便常與立邦董事長許坤德（下圖左）前往法國，爭取成為萊雅集團的台灣代理商。下圖右為時任耐斯企劃部協理沈崇崧。

衣粉市場，無力進攻沐浴乳領域。

不過，洗衣粉需要利用專業的噴霧乾燥塔，才能生產出細小顆粒狀的合成清潔劑，缺少噴霧乾燥塔的耐斯便跟台塑集團合作，由生產洗寶洗衣粉的台灣化學纖維公司（台化）代工生產，推出「白帥帥洗衣粉」。

白帥帥洗衣粉由郭子乾代言，上市廣告即強調便宜又高級，專攻家樂福等大型通路，利用端架陳列強力促銷，落實低價政策，「以一．二公斤裝的洗衣粉為例，白蘭和花王賣一二〇元，『白帥帥』只賣九九元，」沈崇崧解釋，破壞市場的價格逼得兩大品牌不得不降價因應，「洗衣粉本來就不賺錢，假設一包賠一元，耐斯一年只賠一百萬元，但他們量大，就要賠一億元或五千萬元了。」

低價策略果真奏效，破壞洗衣粉市場後，讓耐斯澎澎香浴乳穩如泰山。而一九九九年「白帥帥洗衣精」推出上市，以搶攻低價市場為主，和白鴿洗衣精的高價市場區隔，後來又隨著策略性任務完成，白帥帥洗衣粉在白帥帥洗衣精上市後未久便功成身退。

隨著台灣女性主義抬頭，喚起女性自覺意識，呵護自己的身體，耐斯持續走在創新的路上，打造出跨時代的產品「白鴿貼身衣物手洗精」，專門供女性手洗私密貼身衣物，利用製造「泡舒」的天然植物棕櫚果油原料配方製作成手洗精，選用柔和溫暖的香味，還陸續找來很有個性的明星黎明柔、藍心湄等人代言。一時之間，市場幾乎沒有競爭者，意外成為長銷產品。

本土和國際品牌並行經營

陳哲芳除了積極發展自有品牌，同時也引進國際品牌合作，對抗大舉進入台灣市場的國際品牌，啟動本土和國際品牌並行的經營策略。而在耐斯發展歷程中，有兩個指標性的國際合作案，一是和法國的萊雅（L'ORÉAL）集團合作，另一是和日本新日本理化株式會社的合作。

一九八八年，耐斯和全球美妝業界領導品牌法國萊雅集團合作，成為萊雅的台灣代理商。法國知名美髮師賈克德頌集（Jacques Dessange）創立的同名，也是法國最大連鎖沙龍品牌ＪＤ，就是使用萊雅的洗髮精，陳哲芳還因此引進ＪＤ品牌，在台北東區設立台灣第一家法式頂級沙龍美容店。可惜的是，雙方合作四年多，因萊雅改變策略，自行來台設立

為讓產業鏈更加完整，耐斯與新日本理化株式會社合作，生產與銷售天然界面活性劑，並共同成立台灣新日化公司。

據點，結束合作關係；ＪＤ也因價位較高，難獲消費者青睞，一年多即結束營業。

和萊雅的合作雖然短暫，但由於萊雅創辦人是全世界合成染劑的發明人，在洗髮精、髮雕、護髮、染髮領域都是專家，耐斯透過這次合作學習，二〇〇〇年之後，進一步拓展美髮用品市場，例如，推出不含化學成分對苯二胺（ＰＰＤ）的「５６６染髮霜」；打造出預防落髮、健髮的「萌髮」系列產品等，讓耐斯成為全方位的清潔用品廠商。

掌握關鍵技術，打造美好生活

為了讓產業鏈更加完整，耐斯決定往上游發展，和新日本理化株式會社合作，從事天然界面活性劑的生產製造及銷售，共同成立台灣新日化公司。

清潔用品中最關鍵的主要原料「界面活性劑」是水和油汙之間的媒介，一邊是親油性，可以抓住油性髒汙；一邊則是親水性，利用外力攪拌，帶出油性髒汙，溶進水中。一般家用清潔用品，例如：洗衣精、洗碗精、洗手乳，以及個人清潔品，像是洗髮精、洗面乳、沐浴乳、牙膏等，都需要添加。

至於界面活性劑的來源，主要有兩大類：一是植物提煉而成的天然界面活性劑，像是茶皂，或由植物提煉的椰子油、棕櫚油製成的界面活性劑，可以快速被微生物分解，不會造成環境汙染；另一則是由石油提煉的石化界面活性劑，是目前使用的大宗，價格低廉、功效強大，但無法被微生物分解，會累積、傷害生物體，並造成環境浩劫。

台灣新日化秉持耐斯集團綠色環保的理念，是國內少數專注在天然環保的潔淨原料研發廠商，還是台灣第一家生質柴油製造商，旗下設置的洗衣粉自動化生產線，可客製化代工環保洗衣粉，也研發特用化學品，近幾年更利用先進的萃取技術，研發具有高活性成分的植萃產品，做為添加入化妝品和個人清潔用品的原料。耐斯是新日化的最大客戶，嘉義縣民雄鄉頭橋工業區的耐斯總公司旁，即是台灣新日化總公司及工廠，新日化供應的原料就直接利用管線輸送到耐斯廠房，可節省運費、包裝、時間等成本。而一邊掌握原料、一邊主控研發，讓耐斯不斷累積創新實力，掌握厚實的績效，奠定營運成長利基。

在台灣清潔用品市場，耐斯無疑是領導品牌，以「Have a nice day」豐富人們生活為使命，從清潔到保養，由個人至全家，不論是個人護理或家庭清潔用品，推出許多暢銷品牌，以全方位的清潔產品，致力滿足家庭日常生活需求，讓人人都擁有美好潔淨的一天。

3 走在趨勢前端的行銷先驅

廣告要成功的第一步就是捨得投資。
耐斯合作的對象都是當時當紅的一線明星，
一出場就帶給消費者耳目一新的感受。

「香又鬆，耐斯洗頭鬃」，收音機廣播節目中傳出男性低沉、渾厚有磁性的台語廣告詞。六〇年代末期，每當傍晚時分，萬家燈火，家家戶戶準備吃晚餐的時刻，陳哲芳便騎著摩托車，穿梭在街市或眷村聚落，停車佇立或沿街監聽廣播收聽情況。

「你們是做『TOP（脫普）粉』喔？」「我們是做NICE洗髮粉！」

早年，脫普幾乎是洗髮粉的代名詞，當時耐斯才剛成立、產品上市未久，少有人知曉，陳哲芳接觸供應商或經銷商，介紹公司的洗髮粉產品時，都得到如此回應。

要如何打開市場？陳哲芳堅信：「商品一定要靠廣告，沒有廣告很難讓商品走入消費者心中。」

善用電台廣播廣告

六〇年代初，電視機已經問世，但電視台才成立，台灣更沒有幾戶人家擁有電視機，庶民百姓最大的娛樂消遣和精神依托，就是「拉吉歐」（radio）。

電視尚未開播前，廣播是僅次於報紙的重要傳播媒體。台灣在五〇年代實施報禁，直到一九八八年方才宣布解除，因此早年報社家數少，廣播電台陸續成立後，成為工商企業做廣告的重要途徑。

一九五〇年，台灣第一家民營廣播電台民聲廣播公司成立後，台灣廣播電台陸續萌芽成長；到了五〇年代中期，體積輕巧、可隨身攜帶的電晶體收音機發明，取代大而笨重的真空管收音機，走入尋常百姓家庭，進入六〇年代時便幾乎家家戶戶都有收音機，而廣告是廣播電台的主要經濟來源，在六〇年代中期以前，廣告主要集中在味精、魚肝油和汽水、藥品等商品。

邀請名人代言

曾見證晉安堂藥廠晉安調經丸在廣播節目上的廣告聲量，帶來可觀的業績效應，陳鏡村、陳哲芳兩兄弟堅信：「只有靠廣播廣告才能打開知名度。」因此，創立耐斯企業時，即仿效老東家的做法，在廣播電台大打廣告，希望創造聲量。

「香又鬆，耐斯洗頭鬃」廣告詞配音的主角，是在中國廣播公司（中廣）主持廣播節目〈蓬萊仙島〉的知名廣播人侯世宏；一九六七年，台視製播一檔改編自日本小說的台語電視劇《冰點》，男主角就是侯世宏。

找當紅影視廣告名人做廣告、代言、證言，成為耐斯快速打開知名度的法寶。但是，在沒有監播機制的年代，如何得知廣告效果如何？

廣播電台的頻率有地域性，中南部地域又廣，在沒有監播機制、交通不便的情況下，全憑電台業務人員口頭回報放送、收聽情況。

不過，在凡事認真以待的陳哲芳眼中，這樣遠遠不夠。

機車尋訪，親自監播

「投放廣告之後，他都會騎著摩托車，挨家挨戶查看當地居民是否有收聽廣播節目，而且不只在雲嘉地區，還常騎到台南白河等地，」沈崇崧早年常聽陳哲芳述說創業之初，總是帶著電晶體收音機實地考察，一來確認廣播電台的廣告是否上檔，二來查訪廣告效果。

除了晉安製藥的經驗，和陳鏡村比鄰而居的好友蔡連樹，也是陳哲芳廣告行銷的學習對象。

「他常提點陳鏡村和陳哲芳哪個節目（廣告時段）很難拿，如果能拿到的話，產品一定會熱銷，」蔡連樹的外甥、英統建設董事長陳捷雄回憶。

在七、八〇年代，耐斯、英倫ＢＫ和婀娜達三家公司，經常大手筆投入行銷廣告，產品名噪一時，甚至因為「很捨得砸錢做廣告」，而被市場號稱為廣播界的「嘉義幫」。

與時俱進，廣告載體不受限

耐斯在創業之初就善用廣告行銷的策略，奠定了往後事業壯大的基礎。而回溯企業成長茁壯的歷程，不僅和台灣經濟息息相關，也和台灣廣播、電視、報紙、雜誌等媒體生態變化同步演進。

其一，是電視台陸續開播。

一九六二年十月十日，台視開播；同年十月三十一日，中國電視公司（中視）開播，最後是一九七一年十月三十一日，中華電視公司（華視）開播。這是台灣最早創辦的三家無線電視台，又稱「老三台」時代。

洪玉英記得，嫁入陳家時，夫妻倆住在延平街的三哥家，就有電視機。「當時陳志鴻（現任耐斯董事長）大約五、六歲，在電視上看到NEC的電視機廣告，興奮地指著電視大聲喊『NICE』，」陳鏡堯莞爾而笑說。

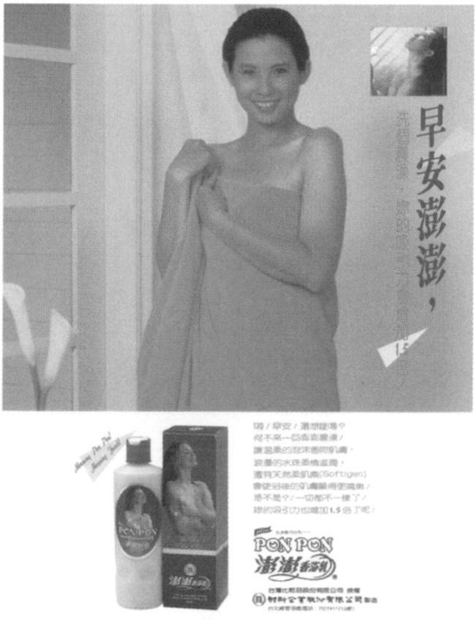

耐斯以名人代言強化廣告吸睛度，帶動產品熱銷。

由於年代久遠，過去公司的史料並未留存，耐斯廣告何時登上電視螢幕已不可考。但洪玉英記得：「耐斯洗髮粉第一支黑白廣告，是找顏華拍的。」顏華是六〇年代風靡一時的台灣知名歌手，登台演唱總是一身旗袍、白手套，嫵媚動人。

那時電視尚未普及，電視畫面也都是黑白的，直到七〇年代之後才陸續推出彩色電視節目。不過，即使到了一九七五年，台灣民間黑白電視機仍占了三分之二，早年拍攝的廣告片也大都是黑白畫面。

其二，是廣告傳播公司陸續成立。

包含台廣、國華、國際工商、聯廣等，為台灣廣告業帶來許多變革和新氣象，例如：建立廣告代理制度、開啟廣告公司在電台製作節目並建立廣告網的先河。隨著電視台陸續開播，廣告從平面到立體、從靜態到動態、從聲音變影像，出現嶄新的模式且傳播效力更大，廣告業的發展邁入新的里程碑。

第三，則是各式雜誌、週刊陸續發行。

台視開播後，《電視周刊》同時創刊；一九六五年，《讀者文摘》國際中文版在香港創刊，以台、港、星、馬為發行地區，號稱發行量每月高達二十七萬餘份，讀者人數逾百萬人；一九六八年，《婦女雜誌》出版；到了七〇年代，則有中視和華視的電視週刊、《姊妹》畫報、《時報周刊》等月刊、週刊問市，提供許多廣告版面。

「寄回耐斯洗髮粉空盒，就贈送一本雜誌，」陳鏡亮回憶，一九六八年、一九六九年間，耐斯洗髮粉業務突飛猛進，陳哲芳在全省廣播電台播放廣告，以寄回空盒送雜誌的行銷方式，調查各地民眾收聽廣告的情況。高雄鳥松、彰化和美、苗栗卓蘭……，這些來自各縣市消費者寄回的洗髮粉空盒，許多地方我都從未聽過，」陳鏡亮當時十八、九歲，還在當兵，休假回到延平街，就幫忙填寫回郵、寄雜誌，見證當年廣播廣告的效應。

採用一線紅星代言

七〇年代，台灣工商產業大量興起，經濟開始起飛，媒體廣告進入成長發展期，電視廣告成為主流、廣播電台則逐漸淪為輔助媒體；同時，許多商店，例如：美容院，會提供雜誌給消費者閱讀。從此，電視、雜誌成為消費性商品宣傳的主要媒體，耐斯投放廣告的重點也在七〇年代中期，開始從廣播轉移到電視和雜誌。

在三台電視興起後，陳哲芳便要求業務部人員深入各地小村落，挨家挨戶統計收看各家電視節目的情況。當時，對於「收視率」或許還沒有很清楚的概念，但他很早就有這樣的意識，並且他發現，廣告的視聽效果也會影響收視率。一九七三年，566洗髮精問市，但在上市初期，拍攝的廣告始終無法打開銷售局面。「有一次，我在陳鏡村家裡，聽到他在電話中要陳哲芳立刻撤下『566』的廣告，」陳捷雄記得，當時的廣告畫面，是一位老師在黑板前介紹洗髮精的成分。廣告內容缺乏亮點，自然效果不彰。

一九七七年，耐斯邀請陳莎莉拍攝廣告，「畫面中，她移步走過，一頭烏黑長髮飄揚，那個畫面真是太美了！」四十五年前的電視廣告畫面，陳捷雄仍歷歷在目。

投資廣告不手軟

唯美式廣告打動許多消費者的心，「566」開始爆紅。

「廣告要成功的第一步，就是捨得花錢，耐斯合作的對象都是第一線、當紅『大咖』，一出場就把氣勢做出來，」沈崇崧說，這種做法對經銷商和消費者而言，都是耳目一新的感受。之後陸續推出的廣告，為耐斯代言的也都是紅極一時的一線女星，像崔苔菁、鳳飛飛、葉倩文、龍君兒等。

甚至，連廣告配樂，也都是一流名家出手。「566～～拉長尾音、唱出高亢聲調的，是齊豫，」沈崇崧解密，說出當年那首扣人心弦曲調的主唱者；此外，出場演奏曲的配樂，更是音樂家、作曲家樊曼儂和許博允夫妻、李泰祥等大師級的作品。

耐斯在「566」上市後，開始大舉刊登雜誌廣告，「耐斯的廣告必定上封底，像《讀者文摘》、《姊妹》都是非封底不登，」沈崇崧說，封底的廣告價位最貴、效果最好，耐斯在廣告花錢的手筆和架勢都贏過同業，像是一九七八年時，台灣第一本大八開（二五乘三五公分）雜誌《時報周刊》創刊，「耐斯一次簽約就是二十六期封底。」

專業導向，成立企劃部

「我是總裁找來的第一個企劃部員工，」原本在國際工商負責文案工作的沈崇崧，在一九八二年六月下旬到耐斯報到。

有了566洗髮精成功的廣告策略之後，陳哲芳開始更懂得如何抓住和創造消費者使用商品後的浪漫夢幻期待，後來耐斯廣告出現的許多金句，往往都是來自他的巧思。「總裁的文筆很好，也喜歡想點子，對參加廣告動腦會議很感興趣，可以從早上開到晚上，」但沈崇崧也不諱言，「他有一個綽號叫『歹剃頭』，對廣告文案要求非常嚴格，不停動腦筋，也常有獨特的見解，幾乎都是親自操刀。」

耐斯從嘉義發跡，但台灣的廣告傳播公司大多集中在首善之都台北，每每和廣告廠商開會討論，就必須專程自嘉義北上。隨著耐斯發展日益蓬勃，陳哲芳南來北往的時間增加，再加上他在一九八〇年當選國大代表，待在台北的時間更多了，於是開始思考：是否應該北上定居？

考量廣告行銷開會方便、國大代表的工作執行，同時也為照顧妻小，陳哲芳決定舉家遷往台北，在國父紀念館附近置產定居。

與此同時，陳哲芳需要處理的庶務日益繁多，逐漸無法兼顧，決定擴大編制，尋找專業人才負責行銷企劃與廣告等業務。一九八二年，耐斯在台北辦公室成立企劃部，陳哲芳極力延攬人才加入，同時也和當時國內翹楚的廣告影視公司合作，豐厚了集團的行銷企劃資源。

帶動瓊瑤小說式廣告風潮

「產品一定要廣告，尤其是末端消費商品，不廣告的產品一定不會銷（熱賣），」陳志鴻引述陳哲芳經常對行銷人員教育的觀點。

「從第一包耐斯洗髮粉開始，到後來的『566』、『澎澎』、『泡舒』，耐斯都砸下非常大筆的行銷廣告費用，」陳志鴻回溯父親和四叔的經營模式時，明白地說：「那是名人代言的時代，瓊瑤小說式的廣告訴求絕對是大家都買單的。」

所謂瓊瑤小說式的廣告，就是用第一線最紅的明星代言，再把廣告拍得唯美。陳志鴻分析，產品本身夠好是基本條件，但除了品質、包裝設計等之外，最重要的就是廣告。

「看不到的地方更要美容！」五官立體深邃，背部全裸的廣告女主角，說著充滿遐想暗示性的廣告詞。這是澎澎香浴乳推出的第一支廣告片，是耐斯繼「566」之後再度爆紅的產品。一九八二年，廣告畫面中，是當紅影星王瑪莉入浴，裹著浴巾背對鏡頭，浴巾不小心滑落下來的性感畫面，立即擄獲螢幕前觀眾的目光。

「廣告片拍完後，把經銷商找到嘉義開會，當廣告片一播放，經銷商紛紛叫好，力讚『一定會中（賣）』，」沈崇崧描繪當年廣告片試映的場景。

耐斯推出的第一支香皂液體化產品——澎澎香浴乳，三九〇毫升容量的產品，原本定價一二〇元，另外附贈一條日本流行的搓澡毛巾，取名為美容香浴巾。但看到經銷商的熱烈反應，時任耐斯董事長陳鏡村當場裁示調高定價為一五〇元。

陳哲芳對行銷的原則也是「毛利要夠」，因此定價水準相對要求較高。行銷團隊因信心倍增，瘋狂大砸廣告，「澎澎」果真大賣。在王瑪莉之後，由當時走紅的周丹薇接手代言，合作時間長達八年，持續創下佳績。

限定廣告播放時段

「總裁通常都是不計成本砸下廣告，推一個產品輸贏都是五千萬元（廣告片加上備貨），」沈崇崧如此形容陳哲芳的行銷策略。

早年電視節目為配合政府的節約能源政策，設限每天中午十一點五十分開播，到下午兩點播畢休息，接著晚上六點再次開播、十一點收播；此外，九〇年代以前，電視、電影和廣播開播前必須播放國歌，原本是在十一點收播時放國歌，一九七九年改成在中午開播前播放。

這個模式，也成為耐斯選擇廣告時段的依據。

「耐斯的廣告要求只限三個時段播放：國歌後的第一支、電視節目結束後的第一支，或是最後一支廣告片，」沈崇崧說，通常這些時段的廣告會讓觀眾的印象更深刻。

這是陳哲芳的堅持，廣告要投放在最好的時段，才能達到最大的效果。

密集強打，營造氣勢

除了時段的選擇，耐斯的廣告片又分為前導片、主題片，片長最短是十秒鐘，強打廣告時甚至每隔十五分鐘播放一檔廣告，並且不計成本，在週五至週日三天密集強打，營造出氣勢與知名度。

「在打荷荷芭洗髮乳廣告最瘋狂的時候，我們還自己買十六釐米放映機，直接在公司剪片，」沈崇崧解釋，一般商業廣告片用的放映機是十六釐米，拍片公司拍攝廣告片後，不需要帶設備，只要帶膠片到耐斯，就可以直接剪接影片。

在三家電視台狂打廣告，上檔愈多，沖洗的膠片就愈多，「一檔強檔的廣告，沖洗的膠片可能多達上百捲，」沈崇崧笑稱，連沖洗膠片業者也共蒙其利。

積極掌握消費者脈動

在行銷傳播策略上，有兩大觀察廣告成效的指標，即觸及人數（reach）和頻率（frequency），前者指在行銷活動期間至少看過一次廣告的人數，後者則是指每個人看到該支廣告的平均次數。

為了掌握這個指標，耐斯企劃部特別延攬受過廣告公司專業訓練的人才加入公司，以快速掌握有效的接觸人數與接觸次數，決定後續廣告策略。

沈崇崧以「澎澎」為例指出，「消費客層設定在十八歲到三十五歲的女性，上完廣告後，我們就會做市場調查，報告出來後發現觸及率很低，就立刻修正，所以廣告片不會只拍一支，會剪接很多膠片，以增加消費者的好感度和記憶度；如果更換廣告片之後，（銷路）還是不行，就會收手。」

重視市場調查

當年，在「澎澎」廣告播出十幾天後，耐斯即委託台大心理系教授黃光國，針對學生、上班族、作業員、家庭主婦等不同階層族群進行市調研究。「我們不只是砸錢，舉凡事前的廣告企劃過程或事後的監控，都投注相當的人力和心力。公司除了有廣告設計部門，還成立市調部，自己做市調，」沈崇崧說。

廣告製作拍攝，更力求專業和國際接軌。「設計師、拍攝場景和模特兒，都是日本專業團隊推薦並且飛到日本實地拍攝，就連模特兒身上的泡沫大小都要事先設計好，拍攝時當場製造泡沫塗上去，」沈崇崧說，澎澎香浴乳瓶身上印製的外國模特兒圖像從上市至今始終如一，顯示當年廣告製作的專業和品質，不僅不退流行，且歷久彌新。

人們習慣天天洗澡，且全家人都要使用，著眼於沐浴乳的商機遠大於洗髮精，耐斯決定主攻沐浴乳市場，廣告策略主力集中在「澎澎」。沈崇崧舉例：「假設一年要做一千萬元廣告，耐斯有六、七百萬元都是做『澎澎』。」

在AC尼爾森品牌調查中，「澎澎」、「泡舒」和「白鴿」等，都是理想品牌第一名。不過，在AC尼爾森引進台灣之前，耐斯就曾自行調查國人的消費品牌市場情況。沈崇崧提到：「我們自己花錢委託外面的市場調查公司做市調，每年會做基準點研究調查（benchmark study），調查沐浴乳、洗髮精、洗衣精、洗潔精的普及情況和品牌變化。」

耐斯每年都會投入不少預算做約一千五百份問卷，完成後分析消長情況，之後再單獨針對某一產品廣告再調查。後來，因為市調做得頻繁，量多了之後，陳哲芳更決定成立市調部，內部自行操作設計問卷，再發包給市場調查員。

專家證言式廣告，打響品牌聲量

白鴿洗衣精的成功，也是值得一提的行銷案例。

耐斯在一九九四年推出全國第一個標榜無螢光劑的洗衣精品牌「白鴿」系列，當時找上邱彰拍攝廣告，專業形象讓強調植物、天然的白鴿洗衣精紅遍兩岸。

邱彰自台大植物系畢業後，取得美國哥倫比亞大學微生物學碩士、美國新澤西州立大學生物化學博士，以及哥倫比亞大學法學博士，具有化工和法學雙博士的冠冕。穿上白袍的邱彰，用雙博士的專業知識和說服力，吸引消費者了解、信任產品功效，為白鴿洗衣精打出一片天。

以專業數據與認證強化說服力

後續出品的各系列白鴿洗衣精廣告，也請到生化博士、家庭醫學科醫師等專業人士力薦，並提出專業數據及認證，讓廣告更具說服力。

事實上，這種專家證言式廣告，早在七〇年代，陳哲芳家族設立的七陽食品工業生產的「沙漠樂蔬果汁」，也曾在雜誌廣告上引用當時營養學教授、果菜美容專家藍梅筠建議，以及如何選擇好的果菜汁三點注意事項等文案，取得消費者信賴。

隨著時代更迭興替，國內消費品牌及廣告日新月益，消費者選擇更多，相對忠誠度不似過往，加上媒體廣告行銷管道日漸多元，大手筆砸錢做廣告的時代式微，廣告的角色逐漸成為提醒消費者記憶的工具。然而，耐斯集團在廣告上用心打下江山的美好時光，仍是台灣日用品市場不容抹滅的記憶。

回顧歷史，耐斯曾榮獲中華民國第一屆中外產品金獎、首屆十大化妝日用品工業公司獎，歷年來獲獎無數，在清潔用品及化妝品領域的成績，都在同業前十名之內。

讓記憶不消失

「耐斯洗髮粉的包裝方式、圖案，到現在都沒有改變過，」陳鏡亮說，每一個鋁箔包裝袋和外盒上，都有一個飄著烏黑長髮的女子圖像。

以前耐斯洗髮粉有句廣告詞「髮為長友」，且耐斯洗髮粉不論是一小包的鋁箔袋或五包裝的紙盒，都有一個女性頭像，烏黑飄逸的長髮平行滑過，從洗髮粉上市至今從未改變，隱藏的寓意是，頭髮長伴人們一輩子，耐斯洗髮粉也始終如一，是消費者一輩子的好朋友。

「洗髮粉是耐斯的根基，雖然現今一年只有一、兩千萬元的營業收入，但我們不會讓它消失，」陳志鴻說，耐斯希望保存父親和四叔早年胼手胝足一起打拚的心血和精神，讓耐斯洗髮粉在全聯等少數通路流通，成為消費者心中永不褪色的回憶。

走在時代的前端，耐斯善用廣告工具的助力，陪伴台灣消費者走過近一甲子歲月，更奠立台灣民生經濟產業深遠的影響力。

4 跟著庶民經濟找商機

以洗髮粉起家的耐斯企業在創立新事業體時，選擇跨足豬飼料製造廠，看似完全不相關的發展，卻都是兩位創辦人聚焦民生經濟產業的投資思維。

七〇年代，是台灣經濟飛揚的起點，十大建設計畫陸續推動，台灣從輕工業逐步邁向重工業，帶來處處生機，也成為耐斯、愛之味集團蓄勢待發的轉捩點。

一九七一年，嶄新的耐斯工廠完工，逐步邁向自動化生產，開始多元化發展的步伐，從民生經濟中發掘商機。

一九七一年六月，陳家創立另一個事業體——國本產業，生產「土地公牌飼料」，公司和工廠落腳在嘉義最早開發的頭橋工業區。

跨入飼料業

早年，在台灣農村，幾乎家家戶戶會利用自家空地設雞舍、豬舍或豬圈，飼養少量雞鴨或豬隻，在年節時祭拜或招待親友；後來逐漸發展成為農村副業，但僅有少量交易，增加農民些微收入。

直至一九六三年，政府推動「綜合性養豬計畫」，參與計畫的農戶最少必須自養一頭母豬、十隻肉豬，由政府指導飼養管理、疾病防治等技術，並使用混合飼料；等豬隻養大後，再由農會協同運銷體系，運到家畜市場販售，改善民間養豬事業的生產模式；到了一九七一年，政府規劃二十處「養豬專業區」，藉由大規模農牧綜合經營方式，擴大養豬規模、改善農村經濟。

然而，養豬業興盛的雲林、嘉義地區，卻沒有具規模的飼料廠。

看好台灣養豬計畫及畜牧市場前景，陳鏡村和婀娜達董事長李捷雲共同投資三百萬元，創立國本產業。「陳哲芳當時擔任國本總經理，他延請台糖新營廠研究室主任陳保德當顧問，指導、提供飼料配方，」陳鏡仁說。後來，即以「土地公」做為品牌，製造生產養豬、養雞飼料和水產飼料。

非常接地氣的土地公牌飼料，很快在飼料業打響名號，而從人們洗頭的洗髮粉，跨足到豬吃的飼料，兩種產業跨度看似天差地遠，但事實上，洗髮粉和豬肉都是人們日常所需，這也正是陳鏡村兄弟的投資思維——聚焦民生經濟相關產業。

發揚傳統美食，「愛之味」醬菜問市

七〇年代，台灣逐漸從農業轉向工業時代，工商快速發展，民眾經濟能力提高，消費市場日益蓬勃。除了生產飼料，陳哲芳和陳鏡村決定跨進食品業，做人吃的食品。而首先看中的，便是台灣傳統飲食之一的醬菜。

醬菜販賣的形式，以前，在傳統菜市場的醬菜店，會以盆裝或桶裝形式讓消費者選購，也有小販肩挑醬菜擔或踩著醬菜車沿街叫賣，秤斤論兩，再以塑膠袋包裝販售。

陳哲芳的三哥陳鏡村（耐斯、愛之味共同創辦人）對醬瓜情有獨鍾，早餐時必吃稀飯配醬瓜，但陳哲芳認為，傳統的醬瓜，為了延長販賣時效，通常製作時會增加鹽分或添加防腐劑防止腐壞，衛生條件和對健康的影響都堪慮。畢業自嘉義農校農產製造科的他，對食品產業難以忘情，決定研發「連家人都敢吃的衛生醬瓜」。

為了設立醬菜食品加工廠，陳哲芳請到一位製作醬菜經驗豐富的老師傅黃天成擔任廠長。一九七七年，醬菜工廠完工，開始生產，陸續推出脆瓜、辣瓜、豆瓣蘿蔔、蔭瓜、豆鼓等，以「愛之味」品牌專攻內銷市場，並將醬菜定位為傳統美食，而且是發揚傳統台灣特色的文化美食。

樹立集團第二支柱

一九八〇年之後，台灣農產原料供應短缺，加上勞力成本持續增加、新台幣大幅升值，食品業逐漸轉型，走向開發多元化商品；再加上，隨著工商業愈來愈發達，台灣人外食需求日漸提高，食品製造逐步走向現代化設備和流程生產。

不僅如此，八〇年代初期，便利商店7-11問世、美式速食霸主麥當勞來台設點，改變了台灣人的飲食和生活習慣，讓台灣食品業加速產業規模化，也更注意食品生產、製造的衛生問題，方便即食的調理罐頭食品也在此時愈來愈受到消費者喜愛。

順應潮流，愛之味決定朝專業食品加工廠邁進。而從清潔用品跨足食品產業，也為耐斯、愛之味集團事業版圖樹立了第二支柱。

進軍食品加工業

一九八二年，「愛之味」連續三年榮獲國防部福利總處「福利品優良廠商獎」。國防部福利總處設置的軍公教福利中心，是八〇年代台灣的重要通路，也是最大的零售業者，當時福利總處委託中華民國合作社聯合社（簡稱全聯社，全聯的前身）統一議價、供貨。福利總處會定期評比各供應廠商的配合度、檢驗產品及各項衛生安全是否符合規定，愛之味產品評價均保持優良紀錄。同年，鮮味脆瓜、甜辣醬、QQ麵筋更獲中華民國中外食品金牌獎；一九八三年，土豆麵筋、武林菜獲得中華民國食品科學技術學會褒獎……

國本產業在一九七七年之後，形成兩個事業部體系——飼料業和食品業。當時的股東結構，除了陳鏡村家族之外，大股東還有李捷雲；後來，因經營理念不同，李捷雲將全數股份出售轉讓給陳鏡村家族，陳家取得一〇〇%股權後，順勢變更公司名稱。

一九八三年，國本正式更名為愛之味公司，並將重心轉移至食品事業，把企業和品牌結合。第一生技副董事長王長發說：「當時國本營業額七．七億元，食品事業部占五四%，飼料畜牧類占四六%。」其中，醬菜方面的營收超過公司業績一半，營運規模在業界已是數一數二。愛之味的嶄新發展，讓耐斯在食品業開啟了新的篇章。

開展多角化經營模式

早期的國本產業專營生產豬飼料，愛之味則向下切入產業鏈，進入養豬行業。

一九七八年之後，台灣各地的家畜市場、屠宰場轉型為電宰制度的肉品市場，進一步開拓豬肉外銷業務，而受日本市場需求增加及日圓升值等因素影響，我國豬肉外銷量大幅提升，當年台灣出口日本的毛豬占日本進口比率達四八％，是台灣養豬產業的榮盛時期。

相對，飼料業務卻每況愈下，一年銷售飼料的營業收入從三、四億元衰退至不到二億元。於是，愛之味決定，在一九八九年擴大轉型，選擇嘉義縣民雄鄉松山村興建松嶺農牧場，圈養近萬頭豬隻，以提振業績，且自產飼料也可望節省成本。

也是在這一年，愛之味股票在十月二十八日掛牌上市，正式邁進資本市場。

一九九〇年，愛之味再擴大畜牧規模，陸續增加嘉義縣新港鄉、雲林縣古坑鄉東和村，以及彰化縣花壇鄉等處，總計擁有四個農牧場，全盛時期飼養豬隻數量多達三、四萬頭，以企業化經營方式轉進畜牧業。然而，由於生產飼料和畜牧業務的產品附加價值低，經營績效一直不如預期；加上養豬產生大量的豬糞排泄物，防治汙染的成本日益增高，一九九三年國內更發生大規模口蹄疫，當年在第一季便決定停止飼料和畜牧業務。

首度踏足果汁市場

耐斯家族向產業鏈下游發展的計畫，除了食品業，也擴及飲料業。

七〇年代之前的台灣，飲料市場是汽水、沙士等碳酸飲料的天下，美國知名的可口可樂也在一九六七年登陸台灣。沒想到，因汽水等碳酸飲料遭質疑添加人工調味，如：糖精和香精，不健康的負面形象影響，讓台灣汽水產業在此時出現衰退潮。果汁，便在此時成為市場新寵。

六〇年代，政府鼓勵農民開發山坡地種植果樹，並開始扶持果汁產業；到了一九七二年七月，果汁免徵收貨物稅，使得果汁產業在七〇年代欣欣向榮，飲料霸主悄悄易位。

看見這樣的趨勢，陳鏡村與陳哲芳決定拓展事業版圖，在一九七〇年前後成立七陽食品，在家鄉雲林縣斗六鎮設廠，專營果汁市場，由陳哲芳擔任董事長，原在台鳳公司任職的陳家大姊夫莊茂榮擔任總經理，自古坑鄉公所退休的二哥張鏡琳為副總經理。

嘉南平原是台灣最大的平原，涵蓋雲林、嘉義、台南等縣市，是台灣農產品主要產地。七陽食品主打「工廠就在產地」的訴求，標榜看得出來、聞得出來、喝得出來的天然果汁。除了國內市場，還外銷日本、中東等地，因此當年七陽食品生產的果汁，即以「沙漠樂」品牌為名，行銷海內外。

當年負責外銷業務的陳鏡堯記得，早年訂單大好時，曾接到二十萬箱（相當於四八〇萬罐）外銷埃及的大筆訂單。

可惜，好景不常。

八〇年代之後，中國大陸、東南亞國家農產加工業崛起，此時期的台灣則因原料成本大幅上漲、原料供應不足，飲料業者在外銷市場節節敗退，被迫退出。

曾開設貿易公司經營七陽食品果汁外銷的耐斯總經理陳鏡亮話說當年：「外銷小罐裝的「沙漠樂」一箱（兩打四十八罐）報價四．五美元，成本就要四．三、四．四美元，根本無利可圖。」堅持使用高品質水果製作果汁的七陽食品，最終不敵混充果汁低價搶單的市場競爭，在八〇年代初期結束營業，股份及資產併入愛之味。

時移勢異，是現實迫人的無奈。但在耐斯演化的過程中，其實遭遇許多次「時機」的挑戰，能有今日的成果並不容易。

挑戰一：便當生意缺少獲利空間

一九八五年，愛之味合併七陽食品股權之後，利用七陽食品在雲林斗六的工廠，大舉從日本引進機器設備，轉做便當餐盒製造廠房，以供應雲林鄰近地區的學校、機關團體午膳所需。

根據一九九〇年愛之味公司年報揭露的資料，一九八六年業務概況的營業範圍增列餐盒類，從產品產值和銷售值看，當年度餐盒生產二〇一萬五八一〇盒，總共銷售一八八萬六二九七盒。以這個數量推估，若以三百個營業日計算，等於一天產銷六千多個便當——在近四十年前，產銷規模可稱得上是便當業的龍頭。

然而，產銷量大，一年的銷售金額卻不到五千萬元，換算起來，相當於一個便當只賣了二十六元；如果以生產值四千七百餘萬元推估，換算一個便當成本約莫在二十四元左右，投資效益明顯不彰。

事實上，一天產銷五、六千個便當，要在短時間內完成已是極大的挑戰，加上台灣人習慣熱食，便當必須要在用餐時間之前完成配送，確保消費者能吃到熱騰騰的便當，從生產製程到配送運輸都有時效壓力；此外，設備投資金額大、需要不少人力支援，生產成本高，幾乎沒有獲利空間。不到一年，愛之味即毅然結束便當業務。

多元化的思維，是企業創新發展的利器，但有時走在時代之先，創新概念和發展腳步走得過早，未必能成功。做便當生意的經驗，即是走得太快的實例。

挑戰二：錯失投入良機

相較於走得太早，另一個極端是錯失良機。速食麵（泡麵），即是一例。

陳家大哥陳鏡潭曾到日本攻讀碩士、博士，陪同先生到日本讀書的陳高淑容回憶，六〇年代中，他們初到日本時，看到市面上販售由日清食品創新研發生產的速食麵，為之驚豔不已，於是與弟弟們分享：「日本發明一種麵，不用煮，用熱水泡開就可以吃了，很方便。」並建議：「泡麵生意可以做做看。」

「台灣路邊攤到處都是，吃麵很方便，」弟弟們以當時台灣的生活型態和庶民飲食文化回應，等於否決了大哥的建議。事後回顧，如果當年能引進泡麵技術，現今的耐斯、愛之味集團或許又是另一番格局。

此外，與民生相關的事業，都是耐斯、愛之味集團關注的項目。譬如，「耐斯也曾想過投資紙尿褲，」陳志鴻說，早年他曾到日本王子製紙株式會社參觀，希望能引進技術到台灣，但後來了解幫寶適長期穩占紙尿褲第一品牌，並且擁有專利，後進者面對的市場與技術門檻皆高，耐斯若進入此領域只能做傳統式紙尿褲，評估後發現毛利太低，最後無疾而終。

挑戰三：中式調理風氣未開

愛之味一路走來，在民生必需的「食」領域耕耘，專注研發可以讓民眾吃得健康、安心的商品，也創造了許多知名產品，例如：「愛之味鮮味脆瓜」出廠四十五年，始終屹立不搖；一九八六年推出的「妞妞甜八寶」，則是宣告了愛之味進入罐裝休閒點心領域，之後又陸續出產「妞妞蜜思果」、「妞妞珍珠園」、花生豆花、仙草蜜、綠豆皇、牛奶花生等產品，其中妞妞甜八寶、妞妞珍珠圓、牛奶花生等，都維持市場領導地位三十幾年不墜。

一九八八年，愛之味興建速食食品廠房，以因應快速成長及新產品開發需求，陸續推出醬菜系列之外的即食食品罐頭，像是麻婆豆腐、土豆花蹄、紅燒獅子頭、紅燒牛腩、梅干扣肉、蔭瓜肉、豆鼓排骨、苦瓜排骨、咖哩豬肉等中式調理食品。

當時主打方便、即時的中式餐點「嬌妻」系列罐頭，訴求可以解決現代職業婦女工作生活忙碌、沒有時間料理的問題，品項多樣、口味多元且品質佳，例如：「嬌妻」紅燒獅子頭，就獲得食品科技學會褒獎、《新生報》罐頭類「金牌獎」。

可惜的是，觀念早了三十幾年，中式調理餐點速食風氣未開，市場一直無法打開；加上，葷食罐頭食品若保存不當，容易滋生肉毒桿菌，再加上一九九三年爆發大規模口蹄疫，為食安考量，愛之味決定關閉中式調理廠，在一九九四年之後就不再生產葷食罐頭。

要讓明日更健康的經營理念

俗語說「民以食為天」，愛之味從健康出發，以健康產品大眾化為目標投入食品、飲料產業，堅持不生產不健康的產品，數十年來研發出許多膾炙人口的產品，像麥仔茶、鮮採蕃茄汁、「分解茶」、純濃燕麥等，獲得不少獎項肯定，並占有市場領導地位；其他如醬菜與魚罐頭品類、以牛奶花生領軍的甜點罐頭品類，以及功能茶、穀物水、燕麥奶品類等，也都是市占率第一的商品。

在這諸多品項中，但凡是愛之味的產品，都可以看見一個橢圓形、紅底白框反白字的專利商標，上面寫著「讓明日更健康」。這是在罐頭食品工廠成立時，陳哲芳親自命名、設計的商標；王長發表示，愛之味從商標開始明確宣示企業的食育觀念，堅持不添加防腐劑、化學色素，並且要做到少油、少鹽。

在愛之味創辦時擔任董事長的陳鏡村，經常在公司月會或新產品發表時向員工訓示：「公司產品如果不敢讓自己的父母、子女食用，就不要出現在市場。」陳哲芳落實三哥創辦企業的經營初衷，要讓家人和消費者都能吃得安心又健康。一以貫之的經營理念，不言而喻。

第二部

打造傳統美食成爲經典

從創新創意、產品品質，
乃至提供安全、健康、美味的產品，
保存記憶中的味道……
每一個經典的誕生，
都來自認真走好每一步的努力。

1 只有傳統腦袋，沒有傳統產業

創新並非一味追求推翻既有的存在，
它也可能是守護傳統的未來。
愛之味一只裝載四十五年記憶的玻璃罐，便在述說這樣的故事。

在企業經營中，創新能力是相當重要的一環。具備這項特質的人，往往善於觀察，並且能夠重新發明再造。耐斯、愛之味集團員工與家族人員眼中的總裁陳哲芳，便是如此。從研製洗髮粉到現今，耐斯在日用化學品領域做到台灣規模最大的日用化工廠；愛之味成立後，旗下產品從醬菜、休閒甜點到飲料、穀奶類，無一不是市場領導品牌。

以醬瓜、麥茶為例，這類一般人眼中的傳統食物，市場飽和、競爭壓力大，把這類品項做為產品主軸，如何能夠做到成為市場頂尖？關鍵，在陳哲芳的一句話。

「只有傳統腦袋，沒有傳統產業，」陳哲芳經常提醒員工，要與時俱進，時常保有創新的想法和思維，賦予傳統產品新的意義，才能開拓新市場、新客群。

以創新守舊

在家族內，陳哲芳被視為創意點子王，腦筋靈活、喜歡動腦、眼光銳利，對於市場和新事物的反應十分敏銳。能有這樣的本事，除了天賦，還是因為他習於向市場取經，經常逛商場找靈感，進而掌握趨勢，甚至引導流行。

發掘愛之味脆瓜的玻璃罐，即是最好的例子。

醬菜是台灣庶民的傳統小食，愛之味五寶——脆瓜、土豆麵筋、菜心、蔭瓜、玉筍，高居台灣醬菜類產品的市占率第一。而陳哲芳把醬菜類及素沙茶醬等調味料定位為傳統文化美食，在相關團隊大力推廣下，每年都能為愛之味帶來十億元以上的業績。

很難想像的是，愛之味脆瓜小巧渾厚的玻璃罐，四十五年不曾改變，裝載了許多台灣人記憶中的古早味，也是海外遊子想念的滋味。而這個容器的誕生，竟是來自陳哲芳在街頭獲得的靈感。

逛超市、賣場激發靈感

一九七七年左右，愛之味準備跨入食品行業，開始籌設醬菜食品工廠。當時，市面上的罐頭醬菜，有馬口鐵罐和玻璃瓶包裝，但多是大容量規格。

有一天，陳哲芳南下高雄，在臨近高雄港、當時知名的舶來品集散地——崛江商場，走進一間日本舶來品店，被一個小巧精緻的玻璃罐吸引。

「這個可以拿來裝脆瓜……」他心想。

那只玻璃罐瓶身大約八公分高、六．五公分寬，是愛之味脆瓜玻璃罐的創意原型。而激發他以玻璃罐裝填脆瓜產品的想法，源自於公司創業之初就設定的願景「讓明日更健康」。

鐵罐包裝不耐鹽分，容易產生鐵鏽味，有礙視覺感受，也可能有害健康，愛之味短暫使用兩、三年就停用，改採小容量的玻璃罐包裝，後來還吸引不少同業仿效。

貼近生活，發掘庶民經濟商機

創新是一種態度，靈感則可能來自日常。發掘一只玻璃罐的經驗，讓陳哲芳更加愛逛超市、超商、百貨、賣場，以貼近庶民生活的行動，發掘庶民經濟商機。

有一次，陳哲芳夫妻在美國逛百貨賣場，他在精品專櫃駐足許久，洪玉英靠近一看，他正拿著一隻耳環仔細端詳，打趣問道：「你要買耳環給我喔？我又沒有穿耳洞。」他回說：「不是，你看這個耳環，樣式、弧度很美，可以做成商標。」

這種情況，不只一兩回。

「八〇年代，我和總裁一起出國考察，行程中總少不了要陪他逛商場、蒐集樣品，回國時行李總是多到不行。那時還沒有高鐵，搭乘擁擠的台鐵火車回家，還要拎著幾個大行李箱，在月台上上下下，真的很頭痛……」王長發記憶深刻。

曾跟在陳哲芳身邊一起出國的員工沈崇崧、二子陳冠如、姪兒陳志鴻也深有所感。「每次跟他出差開會、參觀工廠或洽商合作，只要有時間，他就會趁機到超市、賣場，看洗髮精、沐浴乳、化妝品，或是食物、飲料等產品的包裝。不管到哪裡，都是如此，也讓我養成了這個習慣，」陳志鴻說：「四叔是我商場上最早的老師之一，從許多小地方向他『偷學師』。」

陳哲芳長子陳冠舟形容父親：「他是Marketing Man（行銷人），具有靈敏的觀察力和思維。」

用心觀察，賦予既有事物生命

靠著逛賣場、超市，陳哲芳不僅掌握國外時下流行的最新趨勢，還把熱門的物件、特殊的包裝帶回台灣，深入研究再重新賦予新生命，應用在自家產品中。

「他會觀察瓶罐的形狀、樣式，或是文字的字型等，變成新產品包裝的創意來源，」陳冠如說，例如，澎澎香浴乳就是台灣第一個使用按壓式壓頭包裝的清潔用品，帶動國內

愛之味經典醬菜系列的玻璃罐創意原型，
至今歷久彌新。

清潔用品新式容器的流行。

中華大學校長劉維琪，在擔任寶華銀行董事長期間，經常在陳哲芳住家樓下的咖啡廳向他報告銀行業務，「即使我們談到深夜十二點，離開時，他還是會先到7-11逛一逛，看看貨架上有什麼新產品，然後拎著一堆商品回家研究。」

這種數十年如一日的興趣，培養出陳哲芳敏銳的觸角和前瞻的思維，同時也是他夢想開創的活泉。

例如，八〇年代之後，他經常到美國，並且注意到，在當地的餐廳或連鎖速食店，顧客用餐的桌上，幾乎都會擺一瓶紅色、細長瓶身的辣椒醬，好奇研究後發現，它的口味酸辣，幾乎什麼食物都可以加入調味。

「以後台灣每個家庭的餐桌上，也要有這樣一瓶愛之味的調味醬料，」一股雄心壯志，在陳哲芳心中油然而生。

從此，愛之味開始研發各式調味料，一九九〇年第一瓶「辣奇辣椒醬」上市，往後幾十年，陸續推出酸辣醬、香辣醬、甜辣醬、喜卡沙辣椒醬、沾光客家金桔香醋醬……，酸、甜、鹹、辣各式調味醬料不斷研發問市，最後，「愛之味甜辣醬」出線，成為辣椒調味單品項中市占第一。

隨手寫下觀察筆記

「我是向朋友取經的人，」陳哲芳除了不時會將日常見聞和生活點滴記錄下來，喜歡接觸新事物、新觀念，熱愛與朋友天南地北聊天的他，也常在閒聊過程中，吸收、學習到新知識、新想法，轉化為靈感、創意的養分。

「他有許多記事本，但經常利用身邊現有紙條或是祕書給的行程表，把看到的東西、聽到的想法，隨手記下來，放在口袋或背包裡，」洪玉英說著忍不住搖頭一笑：「他的上衣、西裝口袋，經常塞得滿滿都是紙條。」

這樣記起來有什麼用？

「他常說：『只要隨手寫下來，我就記得了。』」洪玉英說。言下之意，是透過手寫的過程，陳哲芳將得到的資訊內化成為腦中的資料庫，待需要使用時，就成為靈感的來源與智慧。

陳哲芳出門時，經常揹著一個大背袋，洪玉英總是笑他「比我們女人家的包包還要大」，裡面塞滿各式各樣的資料。有段時間，陳冠如時常陪同他到中國大陸出差，都得幫他揹著厚重的大背包出門，「他買襯衫一定要有兩個口袋，隨時可以塞東西，」陳冠如形容：「他的身上都是data（資料）。」

「有一回，跟總裁出差到大陸時，他從包包中拿出一本厚厚的公司註冊商標資料本，在飛機上跟我討論，這個名字做什麼、那個名字做什麼……」沈崇崧說，陳哲芳在商標命名方面，向來非常用心，耐斯、愛之味集團各家公司申請註冊的商標洋洋灑灑一大冊。

「他是少數重視商標、智慧財產權的企業家，」陳冠如說：「不論是公司名稱、商標、標誌設計、顏色，他都會去登記下來，很多東西備而不用，我們還有個部門專門管理這些商標。」

多看多學，增廣見聞和視野

「四哥那時經常到美國、日本的香料公司或原物料廠參訪，只要是跟我們業務相關的，都會帶我或鏡亮一起出國見世面，跟著他學功夫，」陳鏡堯回憶，他和七弟陳鏡亮曾做國際貿易業務，四哥總是耳提面命，希望弟弟們多看、多學。

「他還親自帶領團隊到北美，參觀蕃茄原料供應商的蕃茄產地和工廠，」陳哲芳三子陳冠翰說，在美國時，他也曾跟著參訪團去取經。

陳冠如回憶，二〇一〇年代初期，他曾多次跟著陳哲芳至中國大陸考察、開會、洽商，每天晚上回到飯店房間，陳哲芳還要繼續開會、做報告，精力旺盛，他總是說：「我們是行動辦公室。」

對於陳哲芳強大的活力與執行力，愛之味中央健康科學研究院食品生技發展研究所（簡稱食研所）所長蕭宏基同樣深有體會：「跟他出國，每天的行程從早上七點吃早餐開始，一直到晚上十一、二點還在他的房間開會，是常有的事。」

陳志鴻的心得是：「四叔敏銳度、洞察力的養成，就是他告訴我們的，要多看、多觀察。跟在他身邊，慢慢就會知道要觀察什麼、了解什麼，就會有很多的創意想法。」

「總裁常說：『知識要累積，就不會膽怯。』他認為，人會因為知識不足、缺乏經驗而導致膽怯；但知識是要時間累積的，有了知識，可以形成想法，就會有膽識，」陳冠如解釋父親對他的教誨。

事實上，經營事業之餘，陳哲芳也不忘把握時間，對子女機會教育。「他經常在家裡看電視到半夜一、兩點，」陳冠如記得：「有時在新聞中看到官員講話，他立刻就會說『你看他的台風很好』、『他講話的時候怎麼樣，為什麼會得到人家的信任』……，他不會刻意『教』些什麼，而是在生活中，經常告訴我要多觀察對方的言行舉止，學習他人的長處。」

重視專業，廣泛汲取知識

除了自己喜歡動腦、思考，陳哲芳也鼓勵員工多學習。他訂閱了大量國外相關領域專業刊物，自己讀，也分享給集團員工，幫助大家一起吸收先進技術和流行趨勢。

在第一生技廠房內，有一間圖書資料室，近十個圖書館級可移動式檔案架上，比照圖書館圖書分類陳列，微生物工程、食品分析、中華藥典、化學化工辭典、國外期刊……，光是《本草綱目》就有不下十種版本。

此外，陳哲芳還重金聘任專業顧問，翻譯、解讀日文刊物，成為創意來源。

譬如，耐斯的重要顧問辛仲殳，現已高齡九十餘歲，曾擔任編劇、電影公司編導、副導，是第一代廣告人，曾自營廣告工作室，被稱為「廣告界的字典」。

辛仲殳五十歲那年，陳哲芳延攬他擔任廣告行銷顧問，負責為行銷團隊閱讀日本的《文藝春秋》、《中央公論》、《廣告雜誌》等各種廣告行銷書報刊物、著作，每週參與耐斯、愛之味的廣告行銷會議。

陳哲芳總是不遺餘力強化行銷企劃部的策略思考深度、分享外來資訊，因為他深信，不只要做好商品，更重要是會賣商品，找對的角度切入。這樣的做為，也確實讓耐斯留下了「潑髮像戀愛，期待又怕受傷害」等雋永廣告名句。

除了來自日本的資訊，資訊蒐集的範圍也擴及歐美，例如，美國廣告人必讀的雜誌《廣告時代》（*Ad Age*），耐斯也有訂閱；此外，則是來自國外供應商不定期提供的最新資訊，包含許多產品或原物料、配方趨勢或新知，耐斯也納入參考之列。

荷荷芭洗髮乳就是最好的例子。

所謂荷荷芭其實是來自西班牙文jojoba的音譯，是一種原產自沙漠地帶的植物，從它的堅果種子可提煉出荷荷葩油，被應用在太空飛行器上當潤滑油，即使極冷、極熱都不會變質。「我們從國外化妝品科技的文獻中讀到這些知識，發現荷荷葩油已應用在護膚保養品上，於是想到可以用在洗髮乳上，」沈崇崧回憶，陳哲芳對於接受新事物，尤其是全球性的新資訊，他絕不願落人後，也因此帶領耐斯率先開發出荷荷葩洗髮乳。

從日常中獲得啟發

陳哲芳對創新的東西特別感興趣，不斷接觸新東西，也相當熱中直接與消費者溝通，從命名到設計、行銷、廣告都是如此，而他也確實投入許多時間在行銷企劃事務，像耐斯、愛之味的公司命名，都是他的創意。

那麼多點子，靈感從哪來？其實，生活往往就是最好的啟蒙者。

日據時代，棒球和日本自創的軟式網球是早年台灣最盛行的球類運動。曾受日式教育的陳鏡村提到，打網球時打了一記好球，常聽到旁人大呼「nice」，而當年唯一生產洗髮粉的脫普引用了「top」的音譯，於是在為洗髮粉命名時，便以「NICE、耐斯」為名。

「澎澎」的命名，更是一絕。許多人誤以為台灣人常說的「洗澎澎」是因為澎澎香浴乳而形成風氣，其實不然。洗澎澎的說法始於何時並不可考，但早年即有台灣人用「洗澎澎」呼喚小孩洗澡，是因為打水聲狀似「澎、澎、澎」，洗澎澎於是成為洗澡的代名詞。而接地氣的命名法，果然成為行銷賣點，也讓「澎澎」縱橫沐浴乳市場超過四十年，成為一代霸主。

另外，像白帥帥洗衣精、洗衣粉，就是要讓衣物洗得「白帥帥」（台語），命名饒富巧思。又譬如愛之味，從醬菜起家，命名的源起便是由於台灣人喜歡吃醬菜，就是「愛這味」（台語），也是「愛的滋味」；創立七陽食品、七陽實業，則命名意涵是起自陳家有七個兄弟。

深入觀察再轉化

「他是取名字的天才，就連我的公司，金鼎證券、燿華電子、愛地雅，都是他命名的，」燿華集團會長張平沼說。

愛地雅是張平沼於一九八〇年創立的公司，買下原本做腳踏車的大盟公司資產和業務，並邀請陳哲芳入股。大盟的英文名字是ideal，在設新公司時，陳哲芳原本命名為「愛迪亞」，未料已有其他公司捷足先登，隨後他靈機一動：「腳踏車在地上跑，就叫愛地雅吧！」

然而，命名得好並非就能無往不利。七陽食品是以生產「沙漠樂」品牌經營內、外銷果汁業務為主，標榜在夏天（summer）天氣炎熱時，能喝上清涼的果汁，實為人生一大樂事，因此命名為「沙漠樂」（summerlo），外銷中東、埃及，遠征沙漠地區。可惜，高品質策略敵不過低價市場競爭，最終結束生產。命名有創意，卻偏偏壽命不長，自家人說起這段歷史還調侃，「沙漠樂」命名時，沒有考慮到台語發音是「煞無路」。

陳哲芳擅長深入觀察再轉化為新的發明，這項特質不僅運用在產品開發上，在品牌命名上也展露無遺。譬如，「566」的命名點子，其實是仿傚對手脫普的「333」洗髮精，也有較勁的意味。「333」若用台語發音，近似「鬆鬆鬆」，強調洗了頭髮會蓬鬆，「566」則取自「烏溜溜」的諧音，強調洗後能讓頭髮烏溜溜。

學習他人創意，進而創造自身優勢，在耐斯還有另一個經典例子，就是泡舒洗潔精。

國際知名的克寧奶粉，在二次大戰時期隨美軍來到台灣，是台灣人除了日本明治奶粉之外，最早認識的進口奶粉。克寧奶粉在包裝上都有大大的英文名字「KLIM」，其實是milk倒過來的拼法。這個顛倒拼字的概念，給了陳哲芳靈感。他想，「肥皂的英文是soap，倒過來就是paos」，於是取諧音將洗潔精命名為「泡舒」，而產品上市後熱賣，又意外讓「泡舒」成為洗碗精的代名詞。

知識管理，收穫二次上市的可能

做為一個天生的點子王，陳哲芳頭腦靈活，隨時都有新的想法和點子，甚至不時在研發過程中調整配方，追求更符合消費者需求的極致美味。

例如，二〇〇七年，愛之味八寶粥研發添加黑糖的「黑八寶」，原本研發團隊是以一般黑糖調味，陳哲芳卻臨門一腳，決定採用沖繩黑糖，以「沖繩黑八寶」命名，暢銷的程度甚至讓競爭對手也跟進推出沖繩黑八寶。

另一個例子，是在傳統的日常中轉換思維，創造新意，所以像「韓式泡菜」，可以是開胃菜，也可以加入火鍋料，變成韓式泡菜火鍋。

諸如此類的創意或產品配方，陳哲芳均要求研發單位必須建立智慧庫；即使中途停止研發，也要把有價值的產品配方或知識保留下來。愛之味旗下的研究管理室，便是專門負責產品配方和技術的檔案管理。

陳哲芳常告訴研發和企劃部員工：「從智慧庫中琢磨、研究，或許就能發現『寶』。」新產品失敗率本來就很高，但有些失敗之作可能是因為時機不對或創意不足才受挫，若捲土重來，重新改良配方或優化創意，即可能找到翻身機會，例如：剝皮辣椒、辣奇辣椒醬、麻婆豆腐，都是找到二次上市機會的「寶」。

「二〇二一年，麻婆豆腐甫上市就拿到『食創獎』第一名，」陳冠翰點出，讓濃豆漿原汁和麻辣醬在罐子裡一體成型的創意生產方式，因顛覆傳統做法獲得評審一致肯定。

在這樣的基礎上，還能發想更多可行方案。

「像醬菜，也可以延伸做成袋裝，目標以露營族或獨享族為主；製造紅豆水之後的紅豆，可再製成紅豆餡、紅豆罐頭；燕麥本身有油脂，如果做低脂燕麥飲，提煉出來的燕麥油可以做成護膚保養品……」陳冠翰興奮地一一分享創新的想法。

即使失敗也能化成養分

有再造成功的例子，自然也有即使持續創新卻仍難以締造奇蹟的可能，例如，為了改良甜八寶，而創新推出姊妹產品妞妞蜜思果，就因市場反應不好，過沒多久就停產，黯然下市。

陳哲芳喜歡引用台語俗諺：「跋倒嘛愛揀一个石頭。」跌倒也要撿一塊石頭，意指失敗沒有關係，但要在失敗中學到經驗和教訓，或許就能成為往後成功的助力。

成功的背後，可能是無數失敗的累積。企業建立十個品牌，往往可能只有一個成功，但也正是擁有九個失敗的經驗，才能奠定成功的養分。

事實上，許多成功者的經驗都告訴人們，失敗並不可怕，重要的是如何有效率地嘗試錯誤。所以，陳哲芳始終相信，不斷創新、開創的過程中，只要繼續投入，並持續精進研發管理效能、降低風險，注入新的思維，就能創造新的商機。也正因如此，他堅持，不論技術、配方設計或製程加工的創新，凡是新概念的誕生都值得嘗試。

2 品質就是用心做好每個環節

愛之味規劃工作環境和生產設備一律採用最高規格，甚至打造出比醫院腦部外科手術開刀房還要嚴格的衛生等級，無菌冷充填工廠完工後，更成為吸引各界人士參觀的業界標竿。

創業之初，在嘉義市延平街住家一樓的客廳兼辦公室，陳哲芳在桌上擺著一堆瓶瓶罐罐，只見他拿著量杯、香精，一再調整比例，時而拿起來嗅聞……，這樣的流程可能不斷重複，為的是調配出洗髮粉最適宜的香味和功效。

「你好像『怪博士』！」洪玉英經常這樣形容。當時兩人剛結婚，陳哲芳身兼耐斯的研發、行銷、廣告等業務，每天忙得不亦樂乎。但，無論多忙，陳哲芳依舊強調，必須堅持的就絕對不能放棄。

「品質是不可以妥協的！」從生產耐斯洗髮粉的第一天開始，陳哲芳就堅持品質必須做到最好，因此，他當時採用的是洗髮粉先驅——日本花王的原料，選用的香料也是日本最大、歷史最久的高砂香料。

這樣的理念和精神，在做「吃」的愛之味更嚴格體現。

直徑二．五公分的堅持

一九七七年，愛之味首創圓切法脆瓜，打開了進入食品業的大門。

圓切脆瓜，讓愛之味的產品有了自己的特色，但為什麼要採用圓切法？

「圓切脆瓜較長條片脆瓜更容易填充裝罐，且裝入圓形的玻璃罐中，看起來較平整，視覺上更為美觀，」一九八〇年進入公司擔任研究員的王長發曾聽前輩說，七〇年代，陳哲芳決定進軍醬菜食品加工事業，但當時市場已經相當成熟，市面上早已存在許多脆瓜品牌，例如：大茂、味全，但他們的脆瓜都是切成長條狀，為了市場區隔，愛之味決定採用圓切法。

除了切瓜方式，對於黃瓜的尺寸，愛之味也有獨到的要求，目的不只是為了美觀。「我們比照當時黃瓜外銷日本的規格，要求切瓜直徑必須維持在一吋（二．五四公分）左右，」王長發說，直徑太小的黃瓜還不夠成熟，若大於二．五公分則代表已到採收末期，瓜瓤帶有種子不能使用。但，生產製造流程的困難度，因此增加許多。

創造差異化的定價策略

為了堅持品質，對生產流程的衝擊不一而足，譬如，裁切加工時，要做成圓切片會增加許多手工作業，因為必須選擇大小適中的黃瓜，再切掉頭尾；此外，為求精準，確保可以切出圓形，且保持相同的厚度，整個加工流程變得較為緩慢。

還好，對品質的堅持換來熱銷的收穫。自一九七七年愛之味研發出脆瓜後，到一九八五年間，愛之味醬菜系列產品，包括：脆瓜、辣瓜、豆瓣蘿蔔、蔭瓜、豆豉等品類，一年銷售量超過二〇三萬打，年銷售值逾四億元。

圓切脆瓜既費工、耗時，成本也相對比同業切長條狀的高出許多；再加上，瓶罐小，容量才二百公克，但陳哲芳向來堅持的定價策略，是「好品質不怕定價貴」，然而對消費者來說，最直觀的感受就是「量少又賣得比別人貴」，因此剛開始銷路並不好。

儘管如此，愛之味依然強調，吃不能「儉（省）」，品質好才能吃得安心，決定透過廣告，教育消費者日常飲食就應該要重視品質、要吃得健康，果真逐漸打開市場。

「圓切脆瓜經過脫鹽、壓榨，再吸收醬汁復原，用筷子挾起一片圓切脆瓜，在燈光下，晶瑩剔透，再加上咬一口的清脆聲音，令人食指大動，」王長發描述當年的廣告畫面，眼中彷彿有光。

從味蕾打造質感生活

高明的行銷手法，呈現出溫馨的質感，讓愛之味脆瓜一上市就抓住消費者的眼球。

西方有句話說：「You are what you eat.」翻譯成中文，有人說是「人如其食」，有些說是「你吃什麼就會成為什麼」，不一而足。而其中共同的概念，就是你所吃進去的食物、攝取的熱量，往往會如實反應在自己的身體與容貌。因此，要維護健康，也要從日常飲食做起。

這一點，食品業者責無旁貸。

打造商品獨特價值

做生意，陳哲芳重視高毛利；但開發產品時，他強調，必須落實「品質為重」的理念。而他也將這兩者巧妙融合了，譬如，他經常會要求研發單位，配方中一定要加入健康素材，成本可以暫不考慮。

以「黑八寶」為例，便是使用沖繩黑糖，因為同樣是黑糖，沖繩黑糖價位比一般黑糖高，但沖繩珊瑚礁土地所產的黑糖，富含礦物質和維生素，風味不同，因而創造了市場區隔；之後推出的「黑巧純濃燕麥」，採用一〇〇%的黑巧克力，選擇的原料來源則是比利時百年大廠。

產品的定位，是創造價格差異化的重點之一，所以，耐斯雖然做的是日用化學品，「但我們定位為奢侈品、化妝品，因此我們永遠賣得比別人貴，」沈崇崧指出。

同樣，在食品業，愛之味不只是在賣醬菜，而是賣健康的傳統文化美食；賣的不是飲料，而是健康的功能性飲品。商品的定位不同，即創造出獨特的價值。

落實健康訴求

在成立之初，愛之味便朝健康食品大眾化的方向發展，「讓明日更健康」早已成為企業宣言。

愛之味首任總經理陳保德就經常提及，人類要長壽，就要遠離不利人體健康的「三白」：砂糖、鹽和味精，因此，產品設計時，即堅持產品品質要自然化，不添加防腐劑、化學色素、香精等添加物，而以健康素材取代，例如：減少添加鈉鹽，改用鉀鹽；少用砂糖，改用果糖或Oligo寡糖；少加味精，改用香菇原汁等。

這些健康訴求的意識，深為陳哲芳認同，經過數十年努力，也已深植成為企業基因。

甚至，到了九〇年代中，隨著國內健康意識抬頭，陳哲芳看見健康、環保、綠色的趨勢，當即宣示：「以後公司發展和產品開發，都要以這三個原則為目標，不再發展葷食產品。」

唯一例外，是鮪魚罐頭。相較於其他葷食素材，鮪魚的營養價值高，富含蛋白質，有益人體健康，符合陳哲芳設定的三大原則，因此決定繼續開發相關產品。

從營養出發選擇食材

過去長輩常說：「喜歡吃魚的小孩比較聰明。」當年在電視廣告上，日本女星千葉美加說著：「吃很多鮪魚的營養，ＤＨＡ讓你頭好壯壯！」不標準的國語反倒形成特色，意外讓「ＤＨＡ，頭好壯壯」成為經典台詞。

曾任愛之味高級顧問的陳錫秋即指出，許多科學數據確實證明，ＤＨＡ對於人體腦細胞活化、減緩失智症發生、減少癌症、降低血液中不好的膽固醇等具有諸多益處。由於魚油含有非常高量的ＤＨＡ，向來堅持追求食的健康理念的陳哲芳，因而積極推動生產海洋魚類罐頭，讓「愛之味鮪魚片」成為台灣鮪魚罐頭的第一品牌，每年自泰國運回七、八十個貨櫃的鮪魚罐頭。

泰國是鮪魚罐頭產量最多的國家，因此，愛之味委託一家專門外銷歐盟的鮪魚罐頭工廠代工生產，且在原物料選擇上，愛之味不僅限定必須是有益人體健康的DHA含量最高的鮪魚，更指定只使用上等、脂肪量較少、營養價值更高的黃鰭鮪魚製造。

打造安全食品鏈

堅持選擇品質最好的原物料，是因為陳哲芳相信，要做好品質，必須從原料把關開始，因此他要求，每個產品的配方設計、使用的原物料，全都必須合法且合乎衛生安全高標準，主張選擇有口碑、有信用的食品添加物大廠，禁用來路不明的供應商。

目前，愛之味正積極建立全方位供應鏈和採購系統整合管理，讓原物料做到可產品溯源與履歷追蹤；在新產品上市前，研發單位還必須經過嚴格的配方用料審查，獲得許可後才准予上市；原物料若要變更，也要比照辦理。

「以前沒有高鐵，我們每個星期都從嘉義搭飛機到台北，參加『中企會』，直接跟總裁報告產品研發成果及進度，」愛之味中央健康科學研究院產品優化中心總監黃麗雀說，中企會全名是中央行銷企劃管理委員會，直屬董事長辦公室。

不僅如此，由於重視產品溯源，愛之味採購經理必定是由資深技術主管出任。這項特別制度的由來，是由於陳哲芳向來認為，原物料供應鏈的管理是非常重要的工程：「若由一般非技術背景的人員擔任採購任務，很容易會優先考量價格，犧牲應有的品質。」因此，為了防患未然，愛之味建立起一套採購主管由技術部門主管輪派的制度，從一九九五年開始推行以來，確實找到品質和價格的平衡點。

從日常習慣養成做事態度

對於工廠環境衛生的管理，更是毫無妥協餘地。

陳哲芳對食品工廠的要求是全面性的，無論作業環境、人員清潔，都必須高於各項食品衛生法規的要求，也因此只要他到嘉義巡視工廠，就全員如臨大敵。他常說：「生產設備不好，可以更換，但工廠作業環境衛生要靠平時養成習慣，這是一種態度。」

1998年，愛之味第一生技公司與法國西得樂（Sidel）公司簽訂合約，引進無菌PET飲料整廠系統及設備，開創台灣飲料市場進入無菌技術管理的新里程碑。

陳哲芳嗅覺特別靈敏。有次在巡視研發部途中經過傳統食品廠，正值夏日的廢水處理場，異味隨著飄南風流竄到鄰近的研發部，「那次，被總裁K了很久，」王長發無奈地回憶著。其實，不僅愛之味，劍湖山、飯店等關係企業，同樣嚴格注重環境衛生，特別是廁所，要比五星級飯店的還要乾淨，絕不允許有異味產生。

建立比開刀房更嚴格的衛生要求

然而，一開始，「節省成本」的概念還是深刻在不少人員心中，很難全面落實。有次巡視工廠設備及作業環境時，陳哲芳發現問題，立即不悅地對王長發說：「阿發，公司會給你『儉』（節省）倒了。」他認為，企業經營要成功，必須能夠提供消費者優質的產品與服務，絕不會因為節儉致富，所以，如果設備、環境要改善，該花的錢就必須要花。

從此，舉凡研究部門搬遷、設立興建第一生技無菌冷充填工廠……，王長發時刻記得陳哲芳的話，規劃工作環境和生產設備、維護，一律採用最高規格，甚至打造出比醫院腦部外科手術開刀房還要嚴格的衛生等級，像是無菌冷充填工廠，完工後成為各界人士參觀的業界標竿，讓陳哲芳相當引以為傲。

樹頭徛予在，毋驚樹尾做風颱

堅持品質第一、保持原創價值，是陳哲芳對愛之味永續經營的重要理念和熱情，「消費者買的是愛之味好吃、高品質，以及安全與信賴。」

「樹頭徛予在，毋驚樹尾做風颱。」陳哲芳經常以這句台語俗諺，要求員工落實在平日從原料、加工製程到包裝、儲存、運輸，乃至於廣告行銷的流程。

陳哲芳時常強調，品保就像國家的國防安全系統，公司上下每個人、各個單位，必須謹守職責、環環相扣，才能守護產品品質。

堅持品質是一切的根本，從源頭做起，不論是研發、生產製造、品管流程，每一個環節都扣著創意和品質，並融入公司文化，形塑企業的核心價值。這一點，是愛之味的文化，也是陳哲芳的信念。

3 率先倡導食安觀念

陳哲芳深信，食安事件都是上游原料端管控不良所致，若要避免出狀況，就必須做好「源頭管理」，因此愛之味早在一九八八年就斥資千萬元成立檢驗中心，為食安把關。

「電腦嘛ㄟ揀土豆喔！」電視廣告上，一位慈祥的阿嬤拿著一罐愛之味牛奶花生，大讚電腦什麼都會，片尾結語道出「用電腦揀ㄟ土豆，尚健康！」

這句經典的廣告台詞，就是出自陳哲芳的靈感，是他得意的成功產品之一。

九〇年代，愛之味即斥資近千萬元引進台灣第一台花生電腦選別機，強調用電腦精選無農藥殘留、無黃麴毒素的花生，訴求讓消費者吃得安心、吃得健康。隨著廣告效應發酵，愛之味牛奶花生在罐裝甜品點心市場中稱霸，締造一年銷量兩百多萬打，亦即年銷兩、三千萬罐的紀錄。

電腦精選原料為食安把關

「電腦揀ㄟ」，代表以嚴格的標準使用電腦篩選、檢驗，避免人為疏失，產品生產過程具有品質保證，為食品安全嚴謹把關。而利用電腦科學技術和儀器監控確保原料品質，在當時，是食品科技的一大進展。

在這方面起步甚早的愛之味，堪稱是走在時代前端的先鋒。

早在一九八八年，陳哲芳就意識到，要有完善的檢驗措施為原物料把關，才能確保產品品質，不惜斥資千萬元成立檢驗中心，購置最新、最精密的儀器，可以檢測是否含防腐劑、重金屬，主要執行愛之味和相關企業的產品品質管控，提供消費者營養、衛生、安全又安心的飲食。

這樣的意識持續演化，如今的愛之味，設有中央健康科學研究院，旗下包含食品安全管理所（簡稱食安所）與食研所。前者，下設檢驗分析中心、品保中心；後者，下設技術顧問室、產品開發中心、生技發展中心、產品優化中心、研究發展室，以及主原料科技企劃中心。

食安所設立的專業品保中心，在每項原物料入廠時，都會依據一定的驗收標準，針對物理、化學、生物性和外觀等進行檢測、記錄，再送到檢驗中心，檢驗農藥殘留及重金屬含量，通過檢驗後，才能進入生產製造流程，藉以掌控原物料品質。此外，在生產過程中，還要抽查半成品，以確保生產品質穩定；等到產品生產完成，還要再篩檢、定期或不定期查核，確保品質管控無誤。

品保中心為食安做第一道把關，搭配檢驗中心的強大檢驗能量，讓愛之味的食安做到滴水不漏。與此同時，國內食品衛生安全事件層出不窮，消費者逐漸正視食安議題，加上食品成分及食品衛生安全檢測需求日益迫切。

在陳哲芳的支持下，愛之味持續投入大量人力，斥資數千萬元購置精密儀器設備、訓

早在1988年，愛之味意識到食安的重要凌駕一切，便斥資千萬元成立檢驗中心，之後又成立愛之味中央科學研究院，並獲得TFDA、TAF雙認證，為國家級的食安品質把關中心。

練專業檢驗人才，以增進檢驗能力及檢測項目，終於在二〇〇三年取得全國認證基金會認證，二〇〇九年再取得衛生署食品藥物管理局（二〇一三年改制為衛生福利部食品藥物管理署，簡稱衛福部食藥署）認證。

國家級雙認證實驗室

愛之味不遺餘力推行各項品保認證，強化公司品保管理體系，在當時的國內私人企業與食品大廠中異軍突起，率先獲得雙認證實驗室資格，成為國家級檢驗中心。

「每次有貴賓參觀檢驗分析實驗室時，總裁總是引以為傲，喜歡自己介紹，」食安所團隊表示，陳哲芳常親自解說實驗室裡的各項貴重儀器：「我們可以檢測二七八項成分及三八〇項農藥、重金屬殘留……；可以檢測基改食品，或食品裡面有沒有摻假的東西，都可以檢驗出來。」

言談之中，不難發現陳哲芳對檢驗分析中心的重視，也道出愛之味為防止農藥殘留、重金屬、塑化劑、防腐劑、化學成分、摻假、偽劣等食安風險危害企業，在驗收標準、儲存條件及用料品管上，投注相當心力。

用心付出，終有回饋。強大的檢驗能量，讓愛之味獲益良多。不論是產品研發過程、原物料進廠驗收、產品品質或衛生安全檢測，所有檢驗數據都能即時提供相關決策單位參考，不必外送其他實驗室，掌握時效更確保食的安全；甚至，除了為自家產品把關，自二〇〇五年起，若一般民眾、食品業界、學校學術研究，以及政府相關部門有需要，愛之味的檢驗中心也能提供檢測服務，出具的檢驗報告具國家認證的信賴度及公信力，每年大約挹注上千萬元的檢測費收入。

兩個月內購進千萬元精密設備

重視原料安全與品質的好處，在歷年來的食安風暴中，展露無遺。

二〇一一年五、六月間，台灣食品業接連爆發起雲劑摻有塑化劑事件，引發一場前所未有的食安風暴，嚴重影響食品業聲譽，大大小小的食品公司、上下游廠商，相繼陷入暴風圈中，人人自危。

然而，身為產業鏈中的一份子，十餘年來，愛之味未曾捲入風暴中，在食安事件中全身而退。回首過往，總讓人忍不住好奇，莫非是有什麼獨門祕訣？

這件事不容易做到，但答案卻十分簡單——陳哲芳對設備投資毫不手軟的態度，功不可沒。

事件爆發後不久，一個週末，時任愛之味檢驗分析中心主管的蔡梅花如往常般，一早到郊外爬山。才到山上不久，就接到陳哲芳的電話：「我們買跟衛生署相同牌子的那套設備好嗎？」「當然好啊！」她立即回應。

「那套設備是當時最先進的，要價上千萬元，現在老闆要買，我們當然求之不得，」蔡梅花現在是愛之味食品安全管理檢驗分析中心總監，回憶當年的採購過程，忍不住內心激動。

週一一早，蔡梅花一到辦公室就開始蒐集、準備資料，向設備廠商詢價，提出採購流程，加緊作業。

「這套就是高精密微量分析儀器——液相層析質譜儀，在短短兩個月內，機器設備就運抵嘉義，」她指著機器說。

食安問題不容妥協，為了檢測進貨的原料，避免類似塑化劑等有害物質進入生產線，汙染愛之味的產品，陳哲芳果斷決策，不計成本，務求在最短時間內快速引進檢測設備。

拉高規格，優化食研與食安

愛之味能一路維持產品價值創新的優勢，主要來自於很早就建立研發團隊，培養專業人才、增置先進設備，且能與時俱進，調整研發團隊的組織架構。

一九八〇年，愛之味成立研究課，至一九八八年擴編成為研發處，底下設四個研究課，分別負責研發醬菜調味品、調理罐頭、休閒甜點罐頭和飲料系列等類別，另外設檢驗課，負責食品原物料、半成品和成品等各項檢驗，以維護品質；一九九三年，研究課再擴編為研發部。

二〇〇二年，研發部之外，愛之味新增設綜合生物科技研究所，陳哲芳延請已退休的大哥陳鏡潭擔任所長。

二〇〇三年，由於陳哲芳對海洋資源的利用充滿理想，愛之味新增海洋食品生技中心，延聘剛從海洋大學食品科學系退休的教授陳錫秋為高級顧問，專責研究魚類油脂運用在食品方面的開發等事宜。

二〇〇六年，陳哲芳決定整合研發部、綜合生物科技研究所、海洋食品生技中心三個單位，命名為中央研究所，由陳鏡潭擔任所長；隔年，擴大編制，年底再改名為中央健康科學研究所；二〇一〇年，由陳冠翰接任中央健康科學研究所所長。

二〇一八年，陳冠翰接任愛之味董事長後，又再拉高研究所規格，於二〇一九年升格為中央健康科學研究院，並分拆成食研所與食安所。其中，食研所整合了產品開發中心、產品優化中心、生技發展中心的人才及專業，負責新產品、新素材、新包裝的創意研發，舊品品質、配方維護及優化，以及智慧財、專利、健康字號與各種認證申請；食安所則是整合了品保、品管和檢驗中心等單位的人力和資源，落實強化品質管理。

落實源頭管理

中央健康科學研究院目前聘任四、五十位國內外碩博士專業人才，建構專業的研發及品保、檢驗團隊與尖端檢驗設備，讓愛之味在產品生產、創新研發、分析檢驗、專利申請、專業認證等各方面，都如虎添翼。

不過，經營食品業數十年，陳哲芳深刻體會：「之所以會發生食安事件，都是上游原料端沒有做好管控所致，因此，若要避免食安出狀況，就必須做好『源頭管理』。」

由於著重健康訴求的經營理念，陳哲芳始終堅持採用植物性天然原料素材開發新產品，從規格、新鮮度、成熟度、病蟲害到夾雜物，都要求嚴格控制、檢驗。

尤其，主原料的使用量最多，影響也最大。為了符合陳哲芳的要求，二〇一八年，愛之味在中央健康科學研究所底下設置主原料科技企劃中心，積極尋找品質佳，且安全、穩定、可靠的原料來源和第二供應商，並將輔導與培育契作列為中心功能之一。

目前愛之味在國內外合作的大宗農產品收購，包括：花生、白菜、玉筍絲等，協助農產品收購、栽培管理，訴求原料從生產、使用到成品，都能做到滴水不漏，以維持最佳的品質保證。

4 健康又好吃才是王道

兼顧食物美味與健康是業界趨勢，
愛之味除了申請小綠人標章為產品掛保證，
酵素水解、無菌冷充填技術，更成為致勝的兩大關鍵。

印上代表健康食品認證的健字號「小綠人」標章，一年可以創造多少價值？

行政院在一九九九年公布《健康食品管理法》，所謂健康食品，是指經過科學化的安全及保健功效評估試驗，證明具有保健功效，且必須經過食藥署公告核准。核准通過的健康食品，必須在產品包裝標示健康食品、核准的證號、小綠人標章、保健功效等資訊。

愛之味自二〇〇三年開始推動健康食品認證，近二十年來，已有二十二項產品取得共二十九項健康食品認證，名列台灣前三大健康食品製造商。依照截至二〇二一年的統計，來自健康食品的營業額，一年超過十六億元，占愛之味當年度總營收四成。

全台首支通過健康食品認證的食用油

愛之味第一支獲得「小綠人」標章的產品是食用油。

大家平常炒菜、烹調都使用食用油，每天吃的食物中也含有油脂，卻很少人留意「油脂」對人體的影響，事實上，油脂過多、過少都會影響身體健康；而油脂中又含有飽和脂肪酸、單元及多元不飽和脂肪酸等，脂肪酸種類、含量都攸關健康，例如：飽和脂肪酸攝取過多可能影響健康，不飽和脂肪酸對身體相對有益。

向來重視國民飲食健康的日本政府，很早即研究食用油中含有各種脂肪酸的配合比例，最後修正訂出一個最佳比例，其中即包括一般所稱的OMEGA-3多元不飽和脂肪酸，例如：DHA、EPA等，而魚油中即含有非常高量的OMEGA-3。

陳哲芳透過友人結識海洋大學教授陳錫秋，他和取得日本近畿大學碩士學位、對油脂研究非常專精的陳錫秋多次深入對談後，更加了解和日常生活最密切相關的食用油對健康有多麼重要，並對海洋資源深感興趣。

正巧，陳哲芳當時取得一個參考日本最佳配比的調合油配方，決定生產「愛之味健康益多調合油」，因此延聘陳錫秋擔任顧問，設置海洋食品生技中心進行研發、監控生產。

二〇〇三年，添加OEMGA-3的愛之味健康益多調合油，經實驗證實有助降低血清中三酸甘油脂，成為全國第一支通過健康食品認證的食用油，也讓愛之味以追求大眾飲食健康為目標的精神再次落實。

掌握健康趨勢

隨著民眾健康意識抬頭，現代人對飲食消費的要求，已從過去吃得飽、吃得好，到注重食品安全，再演化到關注飲食健康。在購買食品時，查看產品標示的成分、營養含量、品質健康相關認證，已經成為一種習慣，並且願意付出較高價格購買有健康認證的產品。

在這樣的趨勢下，乍看商機似乎近在眼前。然而，要獲得小綠人標章並不容易。「從公司內部討論評估產品是否要申請認證，到試驗單位評估，做功效性、安全性、安定性試驗報告，就要耗時一年多，」愛之味中央健康科學研究院生技發展中心總監周俊良說，查驗登記送件後，要經過書面初審、審議會複審等程序，「書審最少就要九個月，如果審議會要求補件說明，又要再耗時三至五個月。」

小綠人標章加持

從認證申請程序來看拿到小綠人標章的時程，周俊良估算：「大概要花兩年到兩年半的時間。」申請過程中，愛之味甚至遇過具藥學背景的專業委員，以申請新藥的高規格要求審查報告資料，申請困難度倍增。

除了耗費時間，金錢也所費不貲。「每一支申請認證的健康食品，從準備申請到取得認證，大概都要花費兩、三百萬元不等，」愛之味董事長陳冠翰進一步解釋。

除此之外，以往健康食品查驗登記的試驗，大多採用變異性少且成本較經濟的動物試驗，但是近年來，環保及保護動物意識抬頭，為善盡企業社會責任，加上食藥署鼓勵廠商多做人體實驗，愛之味自二〇二二年起，改採人體試驗進行健康食品查驗登記，所投入的時間與成本更為龐大。

不過，儘管如此，原料好、口味佳，原本就是食品成功的基本條件，若能再輔以「小綠人」健字號標章的加持，便有機會推動業績更上層樓。

讓消費者與企業雙贏

除了營養補充型的膠囊、錠劑類保健產品，愛之味其實更專注在主力產品的營養與健康功效，像純濃燕麥、分解茶、麥仔茶、鮮採蕃茄汁等多項產品，都已通過健康食品認證；其中，分解茶在功能茶飲市占第一，純濃燕麥則拿下穀奶類市占第一。

根據愛之味二〇二一年的永續報告書，來自健康食品的收入總額約為一六・五億元，占愛之味該年營收總額約三九・五億元的四一・七七%，對業績貢獻相當大；此外，過去愛之味每年都要繳納四、五千萬元的貨物稅，在二〇一八年之後，支付給政府的貨物稅額大幅降至兩、三百萬元，就是拜取得健康食品認證之賜，因為根據財政部稅制規定，取得衛福部健康食品認證標章者，以及一〇〇%的天然果汁，都可以免課貨物稅。

貨物稅是以出廠價格計算，依照《貨物稅條例》規定，國內產製的包裝飲料品應減除容器成本計算出廠價格。「以分解茶為例，出廠價二十元，每一瓶就要繳一．八元左右的貨物稅，」陳冠翰不諱言，以愛之味分解茶一年生產三百萬打，等於三千六百萬瓶的產量，免徵貨物稅對於一瓶飲料大概只賺一、兩元微利的食品業者來說，獲利貢獻不小。

顯然，兼顧品質、美味與健康的設定，已經為愛之味的財務報表帶來可喜的成果，也為消費者與企業創造雙贏的可能。

掌握關鍵技術，兼顧美味與健康

若食物美味與健康兼顧是業界趨勢，愛之味能夠在飲料市場中勝出，自然也是把握了這個重點。至於如何實踐，則是仰賴兩大關鍵技術——酵素水解與無菌冷充填。

「愛之味在二〇〇八年推出分解茶、純濃燕麥之後，二〇一一年又推出「快樂健康奶」，利用牛奶加上酵素轉化技術，將牛奶中的乳糖分解成為半乳寡醣，適合乳糖不耐症者飲用，並將牛乳中的乳糖含量減少九〇％、脂肪減少五〇％，把牛奶變得更健康，」陳冠翰說，短短兩、三年內，愛之味就有三支商品取得健康食品認證，若以年產三百萬打的分解茶為例，二〇二二年才推出的系列新品「分解茶日式綠茶」，消費者市場反應極佳，若再通過健康食品認證，兩項分解茶極可能創造十億元的業績。

熱銷產品重新定位

「我們所有的產品都要從對身體健康出發，」愛之味中央健康科學研究院食研所所長、第一生技總經理蕭宏基指出，「總裁常對我們說，只要對人體健康有幫助，都值得研究。」也因此，在愛之味，許多產品都是結合了健康與創新概念，繼而衍生出更多創意和價值。例如，愛之味在二〇一三年以麥仔茶添加Oligo寡糖而獲得健康食品認證；把麥仔茶加上微礦水，二〇一九年碰撞出「多纖微礦麥仔茶」，這個創意不僅在隔年獲得世界品質評鑑大賞（Monde Selection）「食品類銅獎」肯定，並在二〇二一年為愛之味再贏得一支健康食品認證字號。

從二〇〇三年開始推動健康食品認證，二十年過去，成果已算相當豐碩。但對陳冠翰來說，這樣還不夠。

在社會充斥文明病的年代，正是健康食品崛起的時候，愛之味強調預防醫學、抗氧化、防三高等健康訴求，結合中央健康科學研究院和第一生技的技術平台，申請調節血脂、調節血糖、改善腸道、護肝、減少體脂肪、提升免疫力、延緩衰老等多項健康食品認證，已獲得不錯的成果；甚至，有些產品得到雙健字號，像「洛神花保健膠囊」、「雙健茶王」等，具有雙重保健功效。

在這樣的基礎上，愛之味又將曾經熱銷的產品重新定位，銜接上現代的健康風潮，期待再創高峰。

鮮採蕃茄汁，就是其中一個例子。

「從前鮮採蕃茄汁一年可以做七、八億元營收，現在才一、兩億元，我常想該如何讓蕃茄汁再翻身；目前看來，以既有技術平台讓蕃茄汁更健康，變成可以天天喝的健康飲料，而不是果汁飲料，將是可行的方向，」陳冠翰說明愛之味研發團隊未來要努力的方

從源頭開始堅持品質，同時緊扣研發、生產、品管，將創意與品質兼具的特點做為產品開發的核心價值，不但是愛之味的文化，也是陳哲芳的信念。

向，也就是要專注抗氧化、預防文明病等預防醫學的研究與開發，朝「健字號」產品發展，讓消費者更健康。

不過，有時產品成功，卻是無心插柳的收穫。

完善產品線，跨進機能水領域

中醫講求醫食同源、藥食同源，類似預防醫學的概念，而陳哲芳的外祖父是中醫師，耐斯創辦人陳鏡村也研習過中醫；受到潛移默化，陳哲芳對中醫及藥材也非常有興趣，早在十年前即與中國大陸的業者合作，投資生產阿膠、片仔癀等商品銷售。

有一年，陳哲芳和研發團隊到沖繩參觀養鱉場。鱉的藥用價值很高，全身都可入藥，在中醫也是珍貴藥材，例如，鱉的背甲可熬製成鱉甲膠，具滋陰補陽功效，他興致高昂地想研究鱉甲開發食補商品。

沒想到，鱉的研究不了了之，卻意外發展出海洋深層微礦水。

「在養鱉場參觀時，一行人發現沖繩到處都是珊瑚礁，海水經過珊瑚過濾後，水質極佳，加上當地沒有工業汙染，我們就想，應該可以往『水』的方向發展，」蕭宏基回溯當年說。

「愛之味的產品線相當多元，但獨缺機能水。台灣的機能水市場多達三十億元，愛之味有行銷資源、有無菌冷充填廠，我們為何不開發機能水的市場？」二〇一八年年中，陳冠翰接任愛之味董事長後，有一天對團隊有感而發地說。

二〇一九年，「OKINA沖繩久米島深海微礦水」問市。

「這個名字是總裁取的，」陳冠翰說，微礦水來自沖繩久米島海洋六一二公尺深處的「球美の水」，愛之味跟久米島海洋深層水開發株式會社合作，由其提供去除鹽分的深層水濃縮液，在嘉義第一生技工廠，利用無菌冷充填設備，以不含任何雜質的純水，加上深層水濃縮液及宮古島海鹽混合製成，就是富含天然礦物質和鹼性元素的機能水。

不過，產品上市之前，曾經發生一段插曲，險些延誤時程。

二〇一九年年初，第一批商品要上市時，原料海洋深層濃縮液來不及進口到台灣。恰巧，陳冠翰帶著新婚妻子到沖繩久米島渡蜜月，由於時間緊迫，他當場決定不計成本，由員工專程搭機前往沖繩帶回濃縮液，化解了原料危機。

順利上市後，由於研發的創意和品質獲得肯定，二〇二二年「OKINA沖繩久米島深海微礦水」獲得世界品質評鑑大賞「食品類金獎」。

尋找健康之源

陳哲芳對於健康的探詢，觸角不僅在台灣，更伸向海外。沖繩，便是他尋覓到的一處健康之源。

日本沖繩縣以長壽縣著稱，具有陽光、天然、健康、長壽等特質，陳哲芳曾多次到沖繩，甚至帶全家去旅遊、考察，極力推廣「OKINA沖繩概念」產品，連結出許多可貴的商品，如：山苦瓜素做成沖繩山苦瓜分解茶、苦瓜素雙效錠、沖繩窈窕茶、沖繩黑八寶……

「香檬的維生素C是一般檸檬的三十倍，愛之味拿它來結合辣椒，以沖繩香檸（SHIKUASA）的音譯，做成喜卡沙辣椒醬，」蕭宏基說，那就是總裁去沖繩考察時發現的，當時他已經七十五歲，依舊精神奕奕。

「每次沖繩縣知事到台灣，一定會到愛之味參觀，」陳冠翰笑著說，「沖繩概念」就是陳哲芳推崇的健康之道。

「總裁很喜歡查《本草綱目》，有時想到什麼，就會吩咐我們去查一下，」第一生技團隊表示，「他相信，只要往健康的方向去衍生，有時，一個想法會變成一個產品，最後就變成一個商機。」

不過，縱使有集團點子王之稱，陳哲芳在新產品開發時仍難免遭遇挫折，但是透過對市場的觀察與敏捷決策，也能有出乎意料的翻轉體驗。「莎莎亞椰奶」，就是一個例子。

策略聯盟，讓產品叫好又叫座

一九九四年之前，愛之味即有意進軍中國大陸市場，陳哲芳帶著研發部門主管到大陸考察，參訪可能設廠的地點。那時當地的經濟尚未起飛，一行人走訪各地，發現當地的包裝飲料只看到「椰樹牌」椰奶、「粒粒橙」柳丁汁，都是用二五〇毫升的馬口鐵罐包裝。

身為「街頭觀察家」的陳哲芳，從這樣的現象中推測，這兩款飲料應該是市面上頗受歡迎的飲品，於是他們買來試喝，結果發現，椰奶意外地好喝。返國後，研發單位即著手開發，由陳哲芳一手主導行銷，團隊以「莎莎亞椰奶」命名，媒體廣告訴求南洋風情，以穿著清涼的女性熱情舞動呈現。可惜，台灣人對椰奶很陌生，導致銷售平平；然而，數年後，市場銷售量莫名暴增。業務部門查訪市場後回報，許多工地的勞工階層消費者，把莎莎亞椰奶混合「保力達B」、「維士比」等提神藥酒後飲用。

保力達等藥酒的最大零售通路是檳榔攤，莎莎亞椰奶順勢鋪貨進入檳榔攤，有些檳榔攤以「莎莎亞椰奶一瓶加上保力達B」一組一組銷售，讓莎莎亞椰奶的銷量動了起來。

「那時，一年銷售一百多萬打，每年都創造上億元業績，」王長發說。

有了這層機緣，二〇一一年，陳冠翰以第一生技董事長的身分，邀請保力達參與現金增資，成為第一生技股東；二〇一五年起，雙方進一步合作，保力達委託第一生技代工生產「水蠻牛」，並成為前幾大客戶之一。之後，由於椰肉含有豐富的膳食纖維，經過產品優化，莎莎亞椰奶具有改善胃腸功能的保健功效，於二〇一七年取得健康食品認證；二〇二二年，又進一步推廣應用，和全家便利商店合作推出椰奶拿鐵。

上市二十幾年後，產品還能獲得肯定，陳哲芳「好的產品，禁得起時間考驗」的理念，獲得驗證。

5 味道是永久的記憶

利用一部電腦自動選別設備，
再加上一句「電腦嘛ㄟ揀土豆」的經典廣告台詞，
傳統小吃花生仁湯搖身一變，躍居愛之味甜品霸主。

「割稻麵」是台灣民間的古早味料理，將豬肉、韭菜、蝦米、香菇，和麵條拌炒出鹹香好味，是早年農村稻田收割時，農民們相互幫忙收成莊稼後，主人招待點心回贈的謝意和人情味的溫暖。

在雲林古坑劍湖山渡假大飯店的禪園中式餐廳，推出這道復古料理，就是陳哲芳特別指定的招牌菜。結合古早味及台灣味的飲食，是他始終熱愛的記憶中的味道。

融入在地元素

「來去呷飯！」每到吃飯時間，陳哲芳總會邀人一起共餐，這是他表達對人最真誠情感的方式。

喜歡吃古早味、台灣特色小吃，位於台北福華大飯店地下一樓，道地的台菜餐廳蓬萊邨，是他經常帶三五好友光顧的餐廳。

「他喜歡吃筍絲蹄膀，還特別要求把鄉村美食入菜，滷蹄膀使用的筍絲就是古坑特產，」劍湖山董事長尤義賢說，古坑鄉是台灣竹筍產量最大的地區。

對台灣風土人情的熱愛，也反映在愛之味的產品上。

愛之味醬菜系列產品一年營業額約七億元，其中的玉筍，就是採用台灣在地竹筍，一年契作五〇〇公噸的嫩筍絲。而從本土特色中創新，不僅可以提供消費者更多選擇，也為自家企業創造出利潤空間。

譬如「愛之味珍保玉筍」，用的是新鮮嫩幼筍絲，原本的做法需要使用油漬，但近年大豆油價格上漲一倍，利潤難免隨之減少，加上健康趨勢下，盛行少油、少鹽的概念，研發單位於是把油拿掉（減油），再加上廣受歡迎的客家酸菜，創新生產出一支新產品「客家香筍」。

一道美食，一個記憶

不斷開發在地元素，注入新產品中，成為愛之味傳統美食、飲品的獨特基因。

例如：加入台灣紅芭樂的「紅芭樂綜合果蔬汁」、特選台茶十二號調製的分解茶日式綠茶、萬丹紅豆製的「愛健萬丹紅紅豆水」、選用國產履歷黑豆的「愛健黑豆水」、「阿里山茶油雲筍」等，都是將台灣特色農產品融入商品，呈現在地風味。

一道美食，即是一個記憶。

愛之味的醬菜有許多深入民間的好滋味，成為台灣人早年生活文化中的一部分，例如，過去有一個古早味開胃菜——武林菜，曾是許多台灣人和海外遊子心中的美好滋味。

雖然早已停產多年，至今還有消費者難以忘懷，詢問是否重新生產。

推廣文化美食

「我們的醬菜、甜品、調理類等傳統食品系列商品，總裁都歸納為文化美食，」陳冠翰指出。

過去陳哲芳著力甚深的行銷企劃本部，設有文化美食暨生技企劃處，負責各通路文化美食系列商品新品提案開發、廣告媒體規劃、創意發想及行銷企劃工作等。而所謂文化美食，除了傳統醬菜之外，甜點類也是愛之味早年發展的重心。一九八六年推出的妞妞甜八寶，把台灣傳統甜點裝入易開罐，為愛之味研發休閒甜點打開了新路。

有趣的是，這道思路的起點，可以看見陳哲芳喜愛四處探詢商機的影子。某方面來說，這也象徵他的創新思維，已經融入企業文化之中。

八〇年代中，愛之味研發人員發現，彰化縣有一家小食品廠推出一款甜糯米粥罐頭，啟發了他們的興趣。

臘八（農曆臘月初八）是中國傳統節日，部分地區人們在當日有食用臘八粥的習俗，台灣民間也可見將甜糯米粥加五穀雜糧煮成甜點。研發人員判斷，可以開發八寶粥，於是向經營決策層彙報，之後很快進入商用化階段。

開發可常溫保存的罐裝甜點

愛之味以「甜八寶」命名的罐裝八寶粥在一九八六年問市，泰山企業也跟進，在同一年推出八寶粥產品。

在產品定位上，愛之味向來走精緻、少量策略，採用二六〇毫升容量規格，命名為「妞妞甜八寶」；而泰山則採用三四〇毫升、大容量策略迎戰，各擁市場。後來，泰山的大容量、低價策略，吸引年輕勞工階層的喜好而較占優勢，但甜八寶的推出確實為愛之味打開了一扇門，後來陸續推出妞妞珍珠圓、「妞妞紅豆粉粿」、「寒天海燕窩」。

不僅如此，其他台灣人喜歡的在地特色甜點，如：燒仙草、花生豆花等，愛之味也研發出可常溫保存的易開罐包裝。從重現民間傳統美食風味出發，所推出的產品也都成為消費者記憶中難忘的甜點。

打造一條龍產銷模式

說起台灣甜品市場，便不能不提到愛之味牛奶花生。

在彰化地區有一家食品廠，早已把台灣傳統小吃花生仁湯做成罐裝甜品，愛之味研發單位發掘之後，在既有基礎上創新，加入牛奶調味，增加口感並提升了價值。一九九〇年，牛奶花生甫一推出即受到好評，成為愛之味花生產品的代表，在競爭激烈的甜品市場打下一片天。

後來，愛之味引進電腦自動選別設備，並打出「電腦嘛ㄟ揀土豆」經典廣告文案，讓產品再次爆紅。至今，「一年產量兩百多萬打，每年穩定創造五、六億元業績，」陳冠翰說，至今牛奶花生仍在台灣罐裝甜品市場穩占霸主地位。

產品廣受歡迎，對原料花生的需求量自然龐大，一年多達上千公噸。由於國內產量有限，主要由國外進口，但為落實在地栽種培育，陳哲芳決定參與農糧署北區分署「大糧倉

追求美味也要兼顧健康，愛之味在傳統文化美食花生仁湯的基礎上加入牛奶創新，同時提升口感與價值，引領罐裝甜品風潮。

計畫」，落實對台灣這塊土地的企業社會責任，也為台灣的花生產業帶來一片新氣象。

傳承父親的理念，如今陳冠翰更是努力思考，如何優化台灣農作物。以花生為例，它具有人體所需的優質蛋白，如何以食品研發技術萃取出農作物中珍貴的天然營養，以增加保存效期，同時又兼顧健康和美味，便是值得努力的方向。

深化耕耘花生產業

對許多消費者而言，他們所認知的牛奶花生，是「阿公、阿嬤吃的」古早味甜品。想要繼續傳承記憶中的味道，又要提供消費者更多選擇，需要持續創新。

二〇〇二年，當時的愛之味常務董事陳保德提出添加健康機能成分ＣＰＰ（酪蛋白磷酸胜肽）的創意，推出升級版的「ＣＰＰ牛奶花生」，可惜宣傳不足未能引起消費者青睞；但愛之味仍決心要深耕市場，二〇一六年，再推出新品「牛奶花生飲」，把經典美味做成飲品，拓展年輕族群市場。

接任董事長後，陳冠翰更經常思考，如何打破框架，讓愛之味牛奶花生締造的經典，在花生產業上延續、擴大，再造經典。例如，能不能善用牛奶花生罐頭生產線的製造設備，研發、精進推出更多花生相關產品？

「愛之味可以從花生的角度，延伸成一個產業，」陳冠翰眼睛一亮，他想起曾經向陳哲芳報告過的「花生計畫」，也就是愛之味可以做一罐一罐的「鮮採花生」。

他口中的鮮採花生，即是老饕喜愛的新鮮水煮花生。

為傳統賦予新意

「剛採收的花生是最新鮮的，香氣、飽滿度都是最優的，」陳冠翰形容，像吃大閘蟹的概念，要在大閘蟹產季時吃最鮮美，但「一定要用台灣的花生，在生產期，直接跟雲林、嘉義地區的花生小農合作，提供最有利的價格收購，由愛之味製造、行銷，做出有履歷、有品牌的帶殼鮮採花生，而不是做成乾燥花生。

「採收來的花生，先篩選、清理，然後水煮、蒸煮，裝入牛奶花生的罐子裡，可以常溫保存；要吃時，打開包裝、加熱，一邊剝一邊吃，就變成零嘴；而且，口味可以更為多元，除了原味，也可以做麻辣湯底的、椒鹽的……，增加年輕人喜愛的元素，」陳冠翰滔滔不絕分享想法：「另外也可以開發健康的牛軋糖，將牛奶花生的配方透過水解設備與技術，把牛奶中的乳糖分解掉，變成半乳寡糖，再和牛軋糖業者合作代工，做成乳糖不耐症者也能吃的牛軋糖。」

不論是鮮採花生或健康的牛軋糖，都是奠基於過去陳哲芳常強調的在地化、差異化，把傳統的東西透過有創意的概念，創造出市場商機。

迎向植物基風潮，開展跨業合作

陳冠翰直言，這是把花生產業極大化的概念，「可以衍生到大豆，從豆奶（豆漿）、豆花到豆腐，都能適用。」

在植物基當道的趨勢下，豆漿被視為植物基食品第一把交椅、植物界的牛奶。其中，全豆豆漿的蛋白質含量非常高，含有比一般豆漿多三倍的大豆異黃酮和大豆卵磷脂，便成為愛之味的優先選擇，研發團隊以創新的專利技術，製作出可提高大豆異黃酮生物利用率的高纖全豆豆漿，搭配無菌冷充填技術，讓豆奶不會一下子就變豆花，保有全豆豆奶的大豆營養素和風味。

這樣的概念一路延伸，愛之味在二〇一八年推出「全豆豆奶」、二〇一九年推出「花生豆花」；更進一步，愛之味跨入調理豆腐領域，讓曾經熱賣的「麻婆豆腐」再創新生。

二〇二一年，愛之味以創新的製作生產技術推出新品，加了素肉、麻婆醬調味的全豆豆漿，成為一罐罐的「麻婆豆腐」；二〇二二年並和日本咖哩名店CoCo壱番屋聯名推出「咖哩豆腐」；未來，還計劃利用愛之味已有的麻辣醬，推出麻辣臭豆腐，在調理豆腐持續創出系列新品項。

傳承與創新並進

努力創新有成，愛之味麻婆豆腐在二〇二一年獲得專業媒體《食力foodNEXT》舉辦的「食創獎」食品與飲料創新類特優，「麻婆豆腐」和「咖哩豆腐」還分別榮獲日本「FOOD PROFESSIONAL AWARD」二星認證及一星認證。

陳冠翰不諱言，這些新產品是在已有的基礎下創新，也是在有限的風險下擴大營運效應的方式，但未來將可以發揮綜效，無論新品或舊品，整體帶出系列產品的行銷規模，擴大廣告效益。

植物基已是未來潮流，愛之味從花生、大豆到燕麥，肩負傳統文化美食的傳承與開創，朝產業極大化發展，持續開發相關新產品，並且持續把記憶中的在地文化美食，發揚光大再創新。

第三部

讓明日更健康

創新概念加上掌握關鍵技術，
同時融入健康元素，
愛之味陸續推出多項重要飲品，
為企業成長奠基，也落實了食育的概念，
打造永續健康生活。

1 麥仔茶開啓無菌寶特瓶飲品風潮

身為飲料市場的後進者，
愛之味不僅以麥仔茶打出一片天，
更吸引同業競逐此一市場。

麥仔茶是愛之味第一支成功推出的飲料產品，一九九五年，行銷團隊採用「麥仔茶」為新產品命名。催生這個接地氣名稱的最大推手，就是陳哲芳；而有了具親和力的產品名稱，加上藝人澎恰恰代言的廣告效應，讓麥仔茶一推出便幾乎成為麥茶的代名詞。

愛之味在一九七七年跨足食品業，推出醬菜罐頭食品，但在一九八九年之前，僅專注開發醬菜、甜點等傳統美食。八〇年代，台灣飲料市場蓬勃發展，先是在一九八二年，金車以「伯朗咖啡」帶動罐裝咖啡風潮；一九八五年，「開喜烏龍茶」以甜的罐裝茶飲顛覆台灣人的味蕾，開創飲料界傳奇；同年，黑松也推出易開罐的「歐香咖啡」爆紅。然而，愛之味直到一九八八年擴編成立研發處，才正式投入飲品開發。

尋求突破的可能

做為飲料市場的後進者，愛之味業務部門和技術部門主管一再思考，該選擇從哪一項飲料切入，才能急起直追，在市場上搶占一席之地。

開喜烏龍茶已橫掃台灣茶飲市場，愛之味在茶飲料失去創新商機，但當時金車伯朗咖啡雖然獨占市場，然而從日本咖啡市場大幅成長的情勢來看，飲料同業普遍認為，台灣咖啡市場也大有可為，愛之味當然不會放棄這個機會，決定從產品與行銷著手。

分析整體市場，是否有什麼盲點可以突破，進而創造獨特競爭力？

在產品面，陳哲芳認為，要有差異化才有競爭力。為了區隔「伯朗」以咖啡粉調製咖啡的不同，愛之味研發團隊特別從日本進口原豆研磨萃取設備，訴求是以咖啡原豆萃取的咖啡，讓消費者重新認識咖啡。

然而，當時的台灣市場，喝咖啡並未蔚為風氣，考量消費者不太可能一下子改變習慣，在風險評估下，愛之味選擇同樣有浪漫屬性的巧克力飲料切入市場，以精選高品質的巧克力原料調製，在一九九〇年推出「浪情咖啡」、「浪情巧克力」兩個系列產品。

初試啼聲，銷售不如預期

在行銷面，愛之味如同既往，投入大量廣告經費，並邀請郭富城同時為兩支新產品代言。在廣告中，郭富城淋著雨仰頭大喊「你是我的巧克力」，至今仍令不少那個年代的觀眾印象深刻。

但，「浪情」兩支新產品卻慘遭滑鐵盧。

「花了五千萬元廣告費，捧紅了郭富城，營收卻只有五千萬元，」當年擔任研發部主管的王長發回想，有一位高階主管在事後檢討時曾如此自我調侃。

愛之味在產品開發向來勇於創新，當時捨棄「老二思維」，主打具創新性的巧克力飲料，然而畢竟並非主流，終至失敗，「若當時以咖啡差異化切入主打，雖然會有風險，但在主流趨勢下，或許是正確的方向，」王長發事後評析。

愛之味踏入飲料業的第一步便遭遇挫敗，就連後續推出的花蜜紅茶、白鶴靈芝、楊桃汁、綜合果汁、烏梅汁、冬瓜茶、麥香紅茶、烏龍茶、檸檬茶、桂香烏龍茶、綠茶等十餘種飲料，都沒有一個產品可以打開市場。

接連失利又打不進茶飲市場，愛之味決定重新思考飲料產品的發展方向。

尋找最佳配方組合

台灣人有不喝隔夜茶的觀念，然而，現任耐斯集團執行長陳志鴻在八〇年代初期到日本留學時，卻有不一樣的發現——當地販售罐裝烏龍茶、麥茶等茶飲，麥茶銷售量又比烏龍茶更大。

麥茶，是日本人夏天喜愛的消暑飲料，曾是日本殖民地的台灣，受到日本飲食文化影

與郭富城共享
浪情的滋味···
嗨！我是郭富城
每一次喝愛之味浪情巧克力飲料都有甜蜜、浪漫的感覺，而且口中會散發出一股巧克力的濃濃香味，好像陶醉在浪漫的初吻裏。
吻我不要問我，愛之味浪情巧克力。
買浪情巧克力飲料
送 郭富城的簽名照片
嗨！我是郭富城
喜歡我照片的朋友，請將愛之味浪情巧克力拉環2個，回郵2元寄台北郵政信箱53-212號愛之味公司郭富城收，我就立刻送給您簽名照1張，活動至80年3月31日截止，我期待您的來信哦！
【影片中歌詞】
站在雨裏，淚水在眼底，不知該往那裏去；心中千萬遍不停呼喚妳，不停瘋狂找尋妳，我是不是該安靜走開，還是該勇敢留下來……
浪情®
巧克力飲料 卡褚咖啡
愛之味股份有限公司
TEL：(05)2211521～4・2217027～9
郭富城的第一次浪情…
愛之味
For Healthy Tomorrow
A.G.V.
妳是我的巧克力

耐斯與愛之味的廣告台詞迭有新意，郭富城一句「你是我的巧克力」，便成為傳頌多年的經典台詞。

響，老一輩人也習慣喝麥茶消暑解渴。「我記得，小時候在嘉義外公家，外婆每天都會煮一壺麥仔茶，」陳志鴻說。

回國後，陳志鴻在台北總管理處擔任總裁特助，在一次參與愛之味企劃會議時，提案建議開發麥茶飲品，研發單位便著手進行研究。

結果出爐：日本麥茶有濃厚的焙炒風味，底味和口感卻不足；台灣民間的麥茶，多半會添加決明子，比例隨個人喜愛而定，不僅沒有標準化，口味差異甚大，還由於決明子「搶味」，讓麥茶變成配角。換句話說，無論是日本或台灣民間的麥茶，都不適合商業化生產行銷，必須重新研發設計。

推出第一支金牛產品

經過不斷嘗試，終於，研發團隊找到最佳配方組合——使用部分日本進口、經特殊處理不爆開的深焙炒麥茶原料，以增加風味；另一方面，搭配國內中度焙炒的麥茶原料維持底味，再加上微量含糖，以豐富口感。

口味定調了，行銷策略也不能少。

麥茶是一般民眾消暑解渴的聖品，產品推廣也必須貼近一般民眾生活，於是，陳哲芳和行銷團隊決定，將麥茶命名為「麥仔茶」，拉近和消費者的距離；此外，很早便有「代言人」概念的陳哲芳，選定澎恰恰擔任廣告主角，憑藉本土、親和的形象，讓愛之味麥仔茶在一九九五年上市後，快速滲透到各個通路。尤其，當時推出一五〇〇毫升規格的寶特瓶包裝，很適合多人共飲，因此在餐飲通路漸受歡迎。

「恁飲麥仔酒，我飲麥仔茶」（台語），從麥仔茶上市至今二十餘年，這句廣告詞依然令人印象深刻。而這句廣告詞，出自時任愛之味董事長陳鏡村之手。

據了解，看到餐飲通路反應不錯，陳鏡村在一次餐宴時腦中靈光乍現，冒出這兩句話，馬上撥電話給四弟陳哲芳，建議將這兩句話做為第二波廣告主打，陳哲芳立刻指示行銷團隊製作成媒體廣告，從此深入人心，也讓「麥仔茶」成功在餐飲通路建立明星商品的地位。

麥仔茶一炮而紅，成為愛之味第一支金牛產品，躍上麥茶第一品牌，不僅一舉翻轉愛之味過去在飲料業發展的頹勢，且直至今日，每年還貢獻三、四億元營收，堪稱是台灣本土飲料業的經典活教材。

八〇年代，台灣的飲料包材以馬口鐵罐為主流，伯朗咖啡、開喜烏龍茶、愛之味麥仔茶上市時，都是採用馬口鐵罐裝填；到了一九九六年，台灣開始引進寶特瓶（PET）做為飲料包裝，由於材質透明、美觀，很快贏得消費者喜愛，愛之味在易開罐、利樂包之外，也計劃讓麥仔茶新增寶特瓶包裝。

引進亞太區首套無菌冷充填設備

麥茶屬於低酸性飲料，若用馬口鐵罐包裝，必須在充填密封之後，經過高溫滅菌，才能以常溫保存、流通；如果採用寶特瓶包裝，則是在充填時便必須做到無菌，但好處是可以常溫保存、流通。不過，在九〇年代的台灣，還沒有太多廠商可以做到。

其中的關鍵，在無菌冷充填技術，它能夠將產品以超高溫瞬間殺菌，再急速冷卻至約攝氏二十五度至三十度後充填，因此得以常溫流通保存。因為不像高溫充填可能產生過度加熱的情況，能夠更完整保持產品的營養、品質和風味，尤其適合乳製品、茶類等低酸性及富含高營養、高蛋白的飲品。

愛之味決定推出寶特瓶裝麥仔茶後，找到位於桃園的十豐食品公司（已結束營業），拼裝出一套類似無菌充填的設備，在一九九七年委託十豐代工，但成本相當高，加上不良率高達一五%，無法大量生產。陳哲芳當機立斷，要求研發部門擴大觸角，到國外尋找合適的技術，並評估自行引進冷充填設備的可行性。

幾經尋覓，愛之味技術團隊找到法國西得樂（Sidel）公司。西得樂整合了歐洲知名充填設備商及相關技術設備商，自行設計無菌寶特瓶生產線。看好寶特瓶包裝飲品的趨勢，陳哲芳馬上拍板與西得樂合作，興建一座大型的無菌寶特瓶生產廠房。

一九九八年，愛之味與西得樂簽約引進設備，將西得樂在亞太地區的第一套無菌充填設備設置在罐頭食品廠二樓；同時，在設備安裝前，陳哲芳便要求技術部門組成無菌管理團隊，派遣種子部隊到法國接受訓練。

陳哲芳規劃好一切，沒想到，一九九九年開始安裝設備時，遇到九二一大地震，導致進度延宕，直到二〇〇〇年才安裝完成。不過，正式啟用時，新設備的生產速率達到每分鐘填充二〇〇瓶、系統殺菌力是千分之一等級（指殺菌不良率低於一‰），非但讓愛之味的寶特瓶裝麥仔茶順利量產，奠定了愛之味在無菌寶特瓶飲料技術的領先地位，陳哲芳大膽投資新製程設備的前瞻思維，也為往後鮮採蕃茄汁、分解茶和純濃燕麥等新產品打下成功基礎。

設立專業無菌冷充填廠

麥仔茶的成功、引進新的技術和設備，帶領愛之味迎向新的里程碑，但陳哲芳沒有停下腳步，因為他發現，轉型的時候到了。

無菌生產線設備昂貴，資本支出動輒數億元乃至逾十億元，加上新增的產能和空間大，需要更高的稼動率，陳哲芳認為，必須要轉型才符合投資效益。因此，愛之味在一九九九年投資五千萬元，成立第一生技公司。

等到二〇〇二年，愛之味鮮採蕃茄汁在市場掀起一股紅色風暴，陳哲芳再次火速分析供需狀況，決定在隔年增設第二條高速生產線。

二〇〇五年，第二套無菌生產線完工在即，愛之味決議將無菌寶特瓶生產線全部歸納到第一生技，做為無菌寶特瓶飲品製造服務廠，除了優先滿足愛之味的生產需求，另成立業務部門，對外開拓代工生產（ＯＥＭ）和設計製造代工（ＯＤＭ）業務。此後，愛之味的寶特瓶飲料全部委託第一生技代工生產。

同樣在二〇〇五年，第一生技的寶特瓶二廠完工，採用德國克朗斯（Krones）公司的技術，號稱第二代無菌冷充填設備，速度快了三倍，一分鐘可充填六〇〇瓶飲料，殺菌能力提升至萬分之一等級。

採用新設備後，愛之味的飲料生產線，從原料調配、殺菌、無菌冷充填、封蓋、包裝到成品完成，全程採用數位化電腦監控，容器更是從瓶胚、寶特瓶吹瓶均為同步成形，以確保製程無菌、無汙染。

隨著麥仔茶、鮮採蕃茄汁產銷量持續成長，緊接著「健康の油切綠茶」登場，此時愛之味寶特瓶飲品已日益成熟，加上第一代的寶特瓶一廠設備漸漸老舊，以及寶特瓶二廠產能在二〇一〇年達到滿載，陳哲芳決定增設第三套無菌寶特瓶生產線，同樣採用德國克朗斯系統，但效率和效能再次大幅提升，每分鐘可充填七〇〇瓶、系統殺菌能力高達十萬分之一。

愛之味率先引進無菌冷充填技術，讓麥仔茶得以保有天然風味，也吸引同業仿效，之後更通過台灣第一家無菌PET飲料GMP認證，成為當時領先業界的全自動化無菌充填生產線。

掌握了最先進的設備和技術，第一生技不斷寫下業界紀錄，二〇一二年成為台灣第一家通過酸性和低酸性食品GMP工廠；在陳哲芳三子陳冠翰接任第一生技董事長後，二〇一九年更取得美國食品藥物管理局（FDA）低酸性飲品註冊登記，率先取得FDA寶特瓶無菌冷充填產品進口准證，再度在亞太地區居於領先地位。

以技術區隔創造優勢

陳哲芳的大膽轉型，逐步收割成果。持續壯大的第一生技，成為愛之味事業發展的最佳助力，憑藉年產能高達三千萬打的冷充填設備，儼然成為愛之味飲品事業的重要研發及生產基地，更是愛之味發展飲品成為事業核心的關鍵。

「無菌冷充填生產線被稱為飲料充填業的高鐵，速度快、技術先進，」陳冠翰如此形容。不斷引進最新設備以提升效能，愛之味飲料事業蒸蒸日上。以二〇二一年為例，飲料和穀奶類產品營收突破二十五億元，占整體營收的五三％，成為營運最大支柱。

與此同時，愛之味也是第一生技的最大客戶，寶特瓶裝飲品就占第一生技產能的五成。而由於具備ODM專業生技研發能力，例如：萃取生物科技素材添加在食品飲料的專業能力，可提供客戶更符合時代潮流的新概念商品；加上擁有六十位經過嚴格考核篩選的品評員，做專業的口味品評，掌握可提供全球市場差異化口味服務的優勢，第一生技逐步朝向「國內外客戶無菌冷充填寶特瓶ODM代工第一選擇」之路邁進。

細數歷年來第一生技曾合作的客戶，包括：雀巢茶品（NESTEA）、味丹、全家、可口可樂、聯合利華、日本朝日商事、新加坡楊協成、保力達等國內外知名飲料品牌大廠。以二〇二一年為例，第一生技一年創造二十億元業績，獲利近三億元，以一五％的淨利成為愛之味的小金雞。

二十餘年前，陳哲芳就銳眼看準趨勢，適時掌握無菌冷充填的主流技術，專注在無菌製造管理能力，以技術區隔創造競爭優勢、第一生技及研發團隊堅實能力做後盾，讓愛之味在飲品事業發展出獨特的一片天。

2 蕃茄汁炸紅台灣市場的密碼

鮮採蕃茄汁上市，愛之味重新定義產品與市場定位，以半年時間，把原本不到五億元的市場擴大到十五億元，拿下六成市占率，成為台灣蕃茄汁領導品牌。

二〇〇二年下半年，台灣飲料市場出現「紅色風暴」，蕃茄汁突然炸紅台灣。

嘉義縣民雄工業區工業路二段，大卡車一輛接著一輛排隊等著進出愛之味工廠，每輛駛離大門的貨卡車上，滿載著一箱箱的鮮採蕃茄汁。

新推出的蕃茄汁供不應求，剛下生產線，裝箱包裝完，熱騰騰地就被運載出廠，即使無菌寶特瓶廠產能已全開，仍無法滿足大量的訂單需求。這是愛之味前所未見的盛況，所有員工歡欣鼓舞，士氣高昂。然而，危機突現，生產部門和採購部門主管盤點原料庫存發現，進口的原料即將斷貨。

不惜成本空運備料

推出鮮採蕃茄汁前，愛之味營業單位估算，蕃茄汁產品上市後，下半年可以創造一．六億元的業績，很早便訂妥預期生產數量的原料。沒想到，銷量超乎預期地好，原料眼見即將用罄。

愛之味從美國進口蕃茄原料，採用的是加州晨星公司（Morning Star）生產的高品質真空包裝濃縮蕃茄糊，以船運進口到台灣，但若配合海運船期，即使立刻下單，預計最少需要幾個星期才能運抵台灣。

不巧，美西港口因工人罷工封港一個月，眼看將因備貨不及，嚴重影響工廠產銷。相關部門主管焦心不已，當時擔任愛之味生產本部副總經理的王長發立即向時任愛之味副董事長兼總經理的陳哲芳報告。陳哲芳二話不說，當場要求幹部：「不惜任何成本，馬上空運補貨。」

「市場利基就在一瞬間，我們必須牢牢抓住，」行動力十足的陳哲芳要求採購部門主管立刻訂機票至美國加州，由他親自出馬，當面向晨星洽商提高原料採購量，並立刻訂貨。為避免缺料影響生產，他還預先支付一億元新台幣的購料預付款，以確保對方能優先充足供貨。

把喝蕃茄汁變成全民運動

明快的決策指令，危機處理得宜，讓愛之味鮮採蕃茄汁免於斷貨。二〇〇二年六月底正式問市後，累計到當年十月底，四個月銷售量高達三四二萬箱，一箱兩打二十四瓶，總計超過八千二百萬瓶蕃茄汁。甚至，由於銷售數字大好，愛之味那一年營收逼近四十億元，鮮採蕃茄汁半年來的銷售額即占愛之味整年營收的一六%，創下六億多元佳績，營業利益也從前一年的不到一億元，爆增到超過三億元，創下史上最佳紀錄。

一九九九年之後，亞洲金融風暴影響全球經濟，接著九二一百年大震又重創台灣社會和經濟，愛之味已經好幾年成長停滯。如今，鮮採蕃茄汁帶動愛之味二〇〇二年、二〇〇三年業績，獲利連年成長，一掃多年來營運低迷的陰霾。

根據國際知名的市場調查研究公司尼爾森當年統計，愛之味在短短半年內把一個原本不到五億元的市場，迅速拉升到十五億元的市場規模，並拿下台灣蕃茄汁市場六成以上的市占率，成為台灣蕃茄汁的領導品牌。

愛之味如何讓鮮採蕃茄汁家喻戶曉，使得喝蕃茄汁幾乎變成全民運動，成為當年飲料業的傳奇？成功並非偶然，而故事的開頭，要從二〇〇〇年說起。

對於健康，有一種執著

在鮮採蕃茄汁上市前兩年，愛之味企劃人員在偶然機會下，發現日本某小品牌的蕃茄汁，和傳統的蕃茄汁口味大不相同。

傳統的蕃茄汁多加鹽調味，口味是鹹的，且喝起來較為黏稠，但日本這款蕃茄汁的味道是甜的，口感像果汁，順口好喝；另外，研發人員也發現，台灣路邊果汁攤現榨的蕃茄汁，其實口感不差，而且沒有加鹽。研發單位於是從這兩個方向，開始研究蕃茄汁的發展計畫。

然而，愛之味為何對蕃茄汁情有獨鍾？

在台灣，蔬果汁一年大約有六十億元的市場規模，其中蕃茄汁的比例遠低於一〇%，屬於小眾市場，能創造的效益有限；更何況，當時台灣市場已有主力品牌「可果美」，還有統一、台鳳等食品廠推出蕃茄汁飲料。選擇在此時投入，利基在哪裡？

陳哲芳對於「健康」的堅持，是其中一項關鍵。

跳脫框架，重新定位市場

蕃茄表皮富含茄紅素，而茄紅素是一種抗氧化劑，能抑制體內活性氧及自由基，可避免自由基傷害細胞和ＤＮＡ，又具有修補功能，受到日本食品產業重視，口味趨向多樣化；更重要的是，茄紅素在加工過程不會因高溫流失，反倒會釋出更多茄紅素，也就是喝蕃茄汁比生食蕃茄更能獲取茄紅素，讓蕃茄汁更具商業化潛力。

可是，蕃茄汁加工後，變得軟黏濃稠，且有股「生青味」，導致大部分消費者非常排斥，再營養也不愛喝。但陳哲芳認為，蕃茄汁是有益健康的飲品，值得推廣；不過，他也明白，若要讓更多消費者能夠接受，必須改良口感，才能養成長期飲用習慣。

於是，他做了三大改變：第一步，是突破傳統，蕃茄汁不加鹽，改為加入蜂蜜，利用蜂蜜的香甜中和蕃茄汁特殊的生青味；第二步，降低濃稠度，讓蕃茄汁更順口，變成像果汁一樣好喝；第三步，使用全國唯一的無菌冷充填保鮮製造技術和設備，可以完整保留蕃茄的甘甜和營養成分，讓口感果汁飲料化，提升蕃茄汁的保健價值，也更容易入口。

愛之味重新定位蕃茄汁，和牛奶、柳橙汁一樣，是消費者每天必喝的果汁飲料。

分析現況，慎選切入時機

當重新定義產品及市場定位後，愛之味瞄準的不再是一〇％不到的蕃茄汁市場小餅，而是九〇％的果汁類市場大餅，但緊接著便必須思考切入市場的時機點。

二〇〇二年，愛之味發現，台灣媒體談論茄紅素的次數和聲量比前兩年多，並且陸續出現國內外研究單位為茄紅素抗癌、減緩老化等各種和健康有關的議題背書。

喜歡看電視找靈感的陳哲芳也觀察到，當年民視有一檔當紅的談話性節目《消費高手》，主持人支藝樺多次在節目中談到茄紅素的功用；同時，他觀察飲料同業，看見他們陸續推出蕃茄汁的新品牌，甚至還有業者以茄紅素做為賣點，藉由醫師推薦，以類似直銷方式在醫療通路販售，一罐三〇〇毫升、定位保健養生飲品的蕃茄汁，售價高達六十元仍熱銷不止。

名人證言，投放大量廣告

經過市場調查與趨勢分析，愛之味將產品命名為「鮮採蕃茄汁」，寓意他們的產品就像新鮮現壓、現榨的蕃茄汁一般，在二〇〇二年六月底推出上市。

與此同時，陳哲芳欽點支藝樺擔任產品代言人，以「名人證言式」廣告推廣產品；甚至，呼應茄紅素帶動的健康議題，他把《消費高手》節目中談論茄紅素的片段，剪接成廣告內容，以延續熱潮，強調蕃茄汁的健康形象，強化廣告的說服力。

從二〇〇二年八月到當年年底，愛之味總計投入超過三千萬元廣告預算，快速提高市場知名度，也讓消費者對蕃茄汁的口感完全改觀，大幅提升接受程度。

當年下半年，蕃茄汁市場可以說是一片「火紅」。根據尼爾森市調統計，二〇〇二年九月到十一月，蕃茄汁整體市場銷售額高達八億元，比前一年度同期成長四倍。自十一月起，蕃茄汁甚至取代柳橙汁，成為消費者選購果汁飲料的第一選擇。

口碑行銷，翻轉刻板印象

鮮採蕃茄汁寫下台灣飲料業的傳奇，但在成功背後，是無數次創新嘗試和經驗的學習積累。

二〇〇二年六月底，鮮採蕃茄汁上市，但是到了七月，銷售量始終平淡，並未如預期般引發市場熱烈迴響。

為什麼會這樣？愛之味召開檢討會，深究原因後發現，消費者對蕃茄汁既有的刻板印象，無法靠現有行銷手法立即改變。

要扭轉消費對蕃茄汁的印象，「試喝」是最直接的方式，但愛之味缺乏自有商品通路，消費者根本沒有機會試喝一口，無從了解鮮採蕃茄汁和傳統蕃茄汁有什麼不同，更別說是了解它到底「好」在哪裡。

貨鋪到賣場，卻無法引起消費者的購買慾望，如何是好？

行銷通路相關人員不斷沙盤推演，嘗試各種管道，無奈上市一個月都無法突破困局。

熬過整個七月，八月五日星期一，凌晨一點鐘，時任愛之味董事長陳鏡村緊急召集高級主管到他家中，希望能夠腦力激盪出新點子——在此之前，週日白天，眾人已經開會討論許久，不過各自回家稍事休息一會兒，便重新召開會議。

轉眼，已經凌晨三點，一群人還是苦無對策。

「我們試試愛之味員工的向心力，」陳鏡村提出把集團員工當成行銷對象的想法，創造消費者和蕃茄汁「第一次接觸」的機會。

週一一早，愛之味每位員工都收到總部的信函，鼓勵大家試喝鮮採蕃茄汁，最好還能進一步把新產品推薦給親朋好友嚐鮮，希望透過口碑行銷達到推廣的目的。

這樣的做法有創意，卻似乎沒有激起太大漣漪，一週後銷售數字依舊平平。不過，第二週開始，狀況開始轉變，回購量增加、新訂購的也不少，而且是整箱整箱地買。根據愛之味內部統計，短短兩週內就賣出兩萬多箱，以一箱兩打二十四瓶計算，相當於兩週賣了四十八萬瓶鮮採蕃茄汁。

愛之味的口碑行銷策略奏效，口耳相傳下買氣逐漸升溫，從個人、家庭、餐廳到便利商店，各個通路無不熱賣。

上市後第三個月起，鮮採蕃茄汁就進入7-11貨架，同時在康是美「蕃茄專案」促銷活動中成為冠軍飲品。愛之味在蕃茄汁的市占率，從零到六成，只花了三個月。

革新技術，保存營養價值

鮮採蕃茄汁採用創新的無菌冷充填技術，讓蕃茄豐富的茄紅素營養價值完整保留，並且維持風味和口感，以保健飲品之姿贏得消費者青睞。

過去，飲料充填大多需要經過高溫殺菌保持產品不變質，但高溫殺菌後，飲料色澤變暗，容易破壞營養素，味道也會失去原本的風味；相較於此，採用新的無菌冷充填技術，不僅可以取代熱充填殺菌，又能保持飲料的原色、原味和原有營養素，逐漸成為飲料充填技術的新趨勢。

這項技術，也讓愛之味在通路布局時，掌握更多籌碼。

改變包裝，全面卡位通路

為了滿足不同消費通路的需求，愛之味決定，採用多元包材與容量設計，一口氣推出兩款冷藏、四款常溫包裝，容量從四二〇毫升到一〇〇〇毫升都有，更捨棄傳統的三五〇毫升鐵鋁罐包裝，主打六〇〇毫升寶特瓶包裝，避免其他廠商競爭分食，成功搶占蕃茄汁市場。

鮮採蕃茄汁掀起熱潮，不僅讓台灣飲料市場火紅一片，新的商機讓各個廠商搶著推出新產品迎戰，市場百家爭鳴，引發一場行銷大戰，每個新產品都大撒上千萬元廣告預算，消費者天天受到各式廣告轟炸。

隨著時代潮流轉變，消費者對飲料的價值觀也跟著轉變，從單純的解渴，到好喝、健康……，每個飲料世代也往往反映當時的消費脈動，造就不同時代的金牛級產品，甚至一時之間成為某種飲品的代名詞，帶動企業成長。鮮採蕃茄汁的成功，也是跟著這樣的走向起伏律動，而無論是掌握技術、定位市場，到行銷廣告建功，可以說無不源自陳哲芳開創性的思維與精準、果斷的決策，終能打下美好一仗。

3 功能茶飲再創金牛

從醫食同源觀念出發，
陳哲芳靠著敏銳的觀察，在旅途間發現達人與新商機，
讓沖繩島、山苦瓜、茶，三個元素組合衝撞出新火花。

來自沖繩島的山苦瓜加上茶葉，製成一罐一罐的「健康の油切分解茶」，一年創造約十億元業績，現在功能茶飲品營業額約占愛之味本業的四分之一，自二〇〇八年推出以來，已成為愛之味金牛級的產品。

發想出這個創新組合、創意點子的人，就是當時的愛之味副董事長陳哲芳。但在真正

引發熱銷之前，還是經過了幾番轉折。

推導醫食同源概念

二〇〇五年，愛之味推出「健康の油切」綠茶和普洱茶，繼鮮採蕃茄汁之後，再次造成市場轟動。

「油切」的概念，來自日本漢字，最早的起源是日本麒麟商社二〇〇四年推出的「油切烏龍茶」。日本人研究中式烏龍茶，發現它能夠幫助油脂分解，減少囤積在體內造成的負擔，只是那款飲料並未持續太久就從市面上消失，但後續引發日本飲料業者投入，研發出將膳食纖維配方加入飲料中的做法，讓油脂能夠被吸收、分解。

當時，愛之味行銷企劃團隊想要傳達醫食同源及預防醫學的理念，時任第一生技總經理的王長發說，為了要更容易和消費者溝通，商品企劃部引用了「油切」兩個字。

人體內累積的氧化因子愈來愈多，若適度補充抗氧化物等營養素，有助調整體質，提升代謝功能；而綠茶中含有兒茶素，能刺激身體燃燒熱量，加速減少體內脂肪，是公認的抗氧化物。因此，愛之味把健康、油切和綠茶連結，推出「健康の油切」綠茶，結果一炮而紅。

功能茶飲掀起風潮

沒想到，產品紅了，卻引來了同業檢舉。

當時衛生署指出，愛之味油切茶系列產品遭指稱「油切」二字涉及療效，有誇大宣傳嫌疑，容易誤導消費者。這個事件引起衛生主管機關和食品學術單位出面關切，但經過一番爭論後，衛生署裁定，愛之味使用「油切」並無違法。

此後，同業紛紛效尤，一窩蜂推出油切概念的相關茶飲料，愛之味儼然成為台灣油切茶飲的始祖。可惜的是，愛之味油切綠茶因遭檢舉打壓，以及同業一窩蜂跟進，市場油切概念產品輩出，愛之味後續推出「黃金油切綠茶」、「黃金油切烏龍茶」，也在一陣旋風式洗禮之後，直走下坡。

「健康の油切」綠茶很快在市場消失，讓陳哲芳一直頗感遺憾，心中始終認為，這個機能性的概念是對企業成長、飲料市場和消費者都有益的事，值得重新投入心力發展。

無奈，愛之味之後陸續推出油切烏龍茶、油切紅茶、寒天油切、油切咖啡等飲料品項，都未能激起市場漣漪。直到，陳哲芳拋出沖繩山苦瓜和綠茶的組合概念，以健康の油切分解茶再次出發，方才有所改變，並再次掀起市場風潮。

沖繩山苦瓜融入茶飲

沖繩被稱為健康長壽之島，自然資源豐富、坐擁一大片終年日照充沛的美麗海洋。得天獨厚的地理環境——坐落珊瑚礁地區，土壤中富含礦物質和微量元素，又讓沖繩得以培育出獨特品種的山苦瓜，營養價值更勝於其他品種苦瓜。

陳哲芳曾和家人多次到沖繩旅遊，但工作狂的他向來志不在旅遊，總是在旅途中四處觀察、尋找商機。就在其中一次沖繩旅遊時，陳哲芳接觸到苦瓜達人——水耕八重岳社長渡久地政行。長期以來，渡久地政行都在致力開發、推廣山苦瓜，當時他便是正在申請申請苦瓜乾燥處理製程專利。

在民間食療法中，會將乾燥山苦瓜片和種籽泡茶後飲用，具有降火氣、解油膩的功效。但苦瓜天生具有苦味，並非普羅大眾都能接受，因此，去除苦味是首先必須解決的難題；此外，陳哲芳要求愛之味的商品企劃和研發團隊，嘗試將沖繩乾燥山苦瓜籽結合流行的綠茶，設計推出新的產品。

健康の油切分解茶就這樣誕生了。

原來苦瓜可以不苦

落實陳哲芳概念，進而創造出茶飲新產品的人，是愛之味現任董事長陳冠翰。

二〇〇七年，愛之味在嘉義剛成立技術顧問室，畢業自美國康乃爾大學、取得食品工程學博士的陳冠翰，在世界前三大消費品廠商聯合利華歷練一年後回到台灣，擔任技術顧問室主任，和研究團隊將健康の油切分解茶從想像一步步落實。

健康の油切分解茶可以說是「健康の油切二·〇」。油切和分解，不同的字詞卻是相同的概念，都是要幫助油脂分解，減少吸收、減少囤積在體內造成的負擔。

苦瓜有助退火、去油、解膩，但一般大眾對苦瓜的這些好處，常常因苦瓜的「苦」而卻步。然而，訴求添加山苦瓜及種籽的分解茶，採用日本獨家專利技術萃取沖繩山苦瓜，保留苦瓜的種種好處，但去除了苦味，淬煉出不苦、不澀的沖繩島山苦瓜分解茶。

顛覆味蕾的想像

儘管改善了口感，但視覺感官與記憶還是影響人們的認知。愛之味「山苦瓜分解茶」瓶身上的沖繩山苦瓜文字和苦瓜圖片，說明提示性很強，卻也讓許多消費者裹足不進。

為了突破這個困境，愛之味開始透過大量電視廣告和行銷活動宣傳，並提供民眾試飲。在分解茶入口的一瞬間，消費者所有的徬徨解構，「不苦，而且沒有茶的澀口，還帶一點微甘」的感受，完全打破味蕾想像。

獨特的配方設計，加上透過無菌冷充填技術產製，現任第一生技副董事長王長發指出，目前油切分解茶系列產品的產銷量占愛之味飲料類產品總量的四成。

「分解茶一瓶的單價是三十五元，和同業同類型茶飲一瓶二十元到二十五元比較起來，銷量愈高，創造的利潤就愈高，」陳冠翰也進一步說明，分解茶每年為愛之味本業創造出可觀的獲利貢獻度，是長銷的金牛產品。

開發具健康概念的功能茶

對愛之味來說，健康の油切分解茶不僅是茶飲，還引進了醫食同源的概念，成為一支由健康元素組合的功能茶飲，例如，導入日本獨家製程專利的沖繩山苦瓜、苦瓜種籽萃取物，搭配以烏龍茶或綠茶為基底的茶香，富含兒茶素、茶胺酸等，同時添加有益人體的菊苣纖維、膳食纖維等，提供一天所需膳食纖維的五〇%，有助於促進腸道溫和蠕動，做好體內環保。

更加難能可貴的是，健康の油切分解茶獲得「不易形成體脂肪」、「降血脂」兩項健康食品認證；在衛生署二〇一二年核准的健康食品許可證中，登記保健功效載明：調節血脂功能，一、有助於降低血中低密度脂蛋白膽固醇，二、有助於增加血中高密度脂蛋白膽固醇。

創意的發想可以無限延伸。為發揚油切、分解的健康概念，加上另一種健康元素，例如：分解茶日式綠茶、「分解茶（秋薑黃）」，愛之味碰撞出一款又一款的創新產品，而當包裝茶不再只是解渴的飲料，而是可以喝得健康，成為每日生活必需的健康飲品時，即創造出無限商機。

4 喝的燕麥，引領台灣植物奶趨勢

「燕麥可以用喝的嗎？」

對於食物的想像，透過專業研發團隊實踐了，也迎接了植物奶時代的到來。

在歐美國家，燕麥是國際公認的保健食品。曾有研究報告指出，一般人中年之後常會有三高的文明病，長期食用燕麥可以降低三高，對身體有益。陳哲芳夫人洪玉英曾長達八年時間陪伴三個兒子在美國求學，重視養生的夫妻倆因而養成吃燕麥的習慣。

但是，「燕麥粥放久了會『涔涔』（過於濃稠），」洪玉英說，燕麥久置會變得糊爛濃稠，口感不佳，也影響食慾；喜歡研究的陳哲芳時常想：「如果做成飲品，能不能改善這個問題？」

二〇〇八年，可以說是愛之味的重要轉捩點。除了健康の油切分解茶，還有「可以喝的燕麥」——愛之味純濃燕麥，也在那一年問市，成為愛之味在飲料業占穩腳步的最大金牛級產品。

思考創新突破的切點

二〇〇七年，陳哲芳三子陳冠翰從美國回到台灣，被派到嘉義工廠，擔任技術顧問室主任。挾著食品工程博士頭銜，面對一個個資歷甚深的研發團隊成員，他不能跟研究團隊做一樣的事；他揣思，要凸顯自己食品博士的價值並做出貢獻，絕對是要從創新商品和新技術中尋求突破。

為了達成目標，他開始思考，有什麼既有優勢可以運用？

結果，陳冠翰發現，麥仔茶是大家熟悉的產品，無菌冷充填是愛之味獨特的技術，是當時自家掌握的兩大優勢。其中，麥仔茶的原料是大麥，他便嘗試利用水解酵素技術切入，研究生產大麥奶的可行性。

在既有答案中找問題

「大麥其實是燕麥的姊妹，燕麥的好處大麥都有，只是大家並不了解，」陳冠翰用淺顯易懂的字詞比喻這兩種麥類穀物的特性。但研發實驗後發現，做出來的大麥奶有一股「土味」，味道並不太好。

他想到爸爸的疑問和提議，便向研究團隊詢問：「過去愛之味是否研發過燕麥飲料？」「有啊！」研究人員很有信心地回應：「但是做出來像漉糊糜（糊爛粥）。」回顧歷史，愛之味在一九九七年曾推出一款牛奶燕麥粥。

陳冠翰一聽，立刻明白。過去嘗試的燕麥產品製程，是用果菜榨汁機把燕麥打磨成粉，然後加水再一直攪拌糊化，最後加熱；但一段時間後，開始沉澱，就變成糊爛粥，而不是飲料。

「愛之味研發團隊沒有做過食品級的酵素水解技術，這是一個很值得發展的領域，」他興奮不已，於是改弦易轍，轉而研究燕麥的水解酵素技術。那是他回台灣後第一個提報的專案。

掌握酵素水解技術

透過不斷閱讀文獻、期刊，陳冠翰從學術報告、既有的技術、專利中發掘靈感，很快找到突破的關鍵點。

「其實就是酵素轉化，」他興奮地說：「靠不同酵素的不同作用，讓糊化的燕麥粥轉化成燕麥奶。」

「透過酵素轉化，可以把一個產品變成另一種不同的產品，」陳冠翰舉例談到，像把牛奶的乳糖轉化成乳酸，把牛奶變成優酪乳；或是把豆腐變成臭豆腐、麥汁變啤酒、高粱變白酒、葡萄變紅酒……，都是酵素轉化，也就是一般大眾熟悉的發酵。

關鍵之處在於，酵素轉化有一個重要特色，就是水解。

透過水解，可以有系統地減除澱粉，或切成更小的醣類，如：單醣、雙醣，又叫作醣化。「就像我們在口中不斷咀嚼米飯，分泌的唾液酶會水解澱粉釋出糖質，產生微甜感，那個甜味就是來自穀類澱粉本身的醣類，」陳冠翰說明。

開展專利布局

談到食品專業，陳冠翰立刻變得滔滔不絕：

「食物本來要進入我們的嘴巴和腸胃道才能消化、分解，但『水解』是在製造過程就先利用酵素分解，因此飲品喝入口中時，儘管沒有添加砂糖，仍會感覺到有甜味。

「燕麥片要先經過研磨處理，磨成微米（即一公尺的百萬分之一）大小的微細化粉末之後，再加水、加熱溶解成燕麥漿，接著進行酵素處理變成水解液，最後成為燕麥奶。

「透過水解，可以把像粥一樣稠狀的東西，變得比較稀，用行銷的話術來說，就是喝起來像牛奶般滑順的口感……」

掌握關鍵技術之後，「產品還沒有上市，我們就申請了三酵水解的技術專利，」陳冠翰說，愛之味的三酵微分解技術分別取得台灣、美國和中國大陸等多國專利，這是食品科技的大突破，也是愛之味再次運用關鍵技術，領先業界研發出高機能性的燕麥飲品。

除了水解酵素技術，陳冠翰當年另外提出一個技術創新，就是利用酵素處理，把牛奶中的乳糖轉化成半乳寡糖，推出「快樂健康奶」，造福廣大的乳糖不耐症族群，讓他們可以安心食用乳製品。

提供消費者更便利的選擇

二〇〇八年，愛之味純濃燕麥上市，成為台灣燕麥奶的先驅。「在國際上，我們不是第一個擁有燕麥奶專利的廠商，」陳冠翰坦白地說，「但純濃燕麥上市之前，台灣從來沒有出現過燕麥奶。」

一位穀物品牌同業高層曾對陳冠翰說：「早在（純濃燕麥上市）十年前，我們就研發出燕麥奶，但最後內部決定不上市。」理由是燕麥片非常便宜，消費者何必選擇相對較貴的燕麥飲料。

同樣，當初愛之味決定做燕麥奶，即使已經完成研發，但在準備推出產品時，仍面臨內部許多異聲。

保守之士認為：「一碗三五〇毫升燕麥粥的量，換算大約使用三十幾公克的燕麥片，成本不過五、六元，一瓶二九〇毫升的燕麥奶定價三十元，幾乎是六倍價差，誰要來買一瓶三十元的燕麥奶？」

面對消費者對成本的可能疑慮，新產品的利基和賣點為何？

事實上，在研發初期，愛之味即針對目標客群做市場調查，發現潛在客群對於平常「吃」的燕麥可以像飲料一樣用「喝」的，提出相當好的回饋，印證消費者對「喝」的方便性接受度很高。

現在是講求便利的時代，「純濃燕麥提供的是『喝』的方便性，便利是很值錢的，」陳冠翰直截了當地說，燕麥奶的策略就是便利化，把原本乾燥的、粉狀的穀物液體化，保留完整的營養，變成消費者可以接受的飲品，再加上無菌冷充填技術讓它可以在常溫下保存，也是燕麥奶成功的關鍵因素。

「這是一款很成功的新品，每個月都看到三、四千萬元數字入帳，第一年就創造三、四億元業績，」陳冠翰形容，「就像挖一口井，當挖到泉脈時，噴出泉水的力道很驚人，而這也驗證了總裁常說的『要造自己的路，不要一窩蜂做跟人家同樣東西』的信念。」

以製造優勢打造銷售優勢

曾經是飲料市場的後進者，如今的愛之味，掌握了燕麥奶第一個進入者的先行優勢，成為台灣的領航者。然而，任何一個新產品的開發，都必須承擔萬一不成功的代價——先期投資可能化為烏有。愛之味燕麥奶的產品開發歷程，也是十分小心翼翼。

在發展燕麥奶初期，愛之味並未貿然大舉投資，而是就地利之便，尋找代工廠商或租用設備，把燕麥粥變成燕麥漿，做為前置處理的原料，期間不斷調整校正製程與品質標準，最終找到消費者認同的品質、技術和管理標準。

隨著銷量愈來愈大，愛之味開始投資興建水解發酵設備；同時，搭配行銷策略，推出一波又一波的電視廣告強打，從最早的侯佩岑，到近期的台灣之光、羽球天后戴資穎代言，強力行銷各族群，迅速創造出品牌聲量。

然而，一個新品快速竄起的同時，也吸引同業競相搶進市場。尤其是標榜「穀物專家」的桂格，很快研發上市，搶攻燕麥飲品市場，讓原本跑在前面的愛之味市占率轉眼屈居第二。

逆轉勝，在二〇一一年發生。

愛之味第三套無菌冷充填設備完工，一分鐘六、七百瓶燕麥奶高速充填的產能，再加上無菌冷充填可以常溫保存的優勢，讓愛之味大膽推出十二入、二十四入一箱的包裝，同時改變商品通路策略，將純濃燕麥打入好市多（Costco），贏得再次翻轉的機會。

「當時，好市多用六個棧板，堆得像小城堡一樣，消費者一箱一箱地搬，瘋狂採購，」陳冠翰說，因為是常溫產品，賣場才能用端架陳列方式銷售，擺在最醒目的位置達到吸睛效果。

搭配通路優惠促銷專案，一箱十二入裝、三四〇毫升的純濃燕麥只賣二六九元，等於一瓶原價三十五元變成二十二．五元，當年即創造出二億元業績。至今，在好市多，每年銷售金額仍超過三億元，創下食品類別銷售前三大產品的佳績，穩固了愛之味的領導品牌地位，甚至推上國際舞台，在韓國十四家好市多每年熱銷二億元。

此時的促銷戰線，不僅在大賣場，還延伸到便利商店。

愛之味和 7-11、全家便利商店合作，也是整箱、整箱銷售，例如，7-11 一年有兩次健康週，原本一瓶二九〇毫升純濃燕麥的單價是三十元，二十四入一箱賣四八〇元，等於一瓶只要二十元。

「持續五天的健康週，單店日銷均量（PSD）達到一〇〇，就是平均一家 7-11 一天賣一百瓶純濃燕麥，」陳冠翰說，這是前所未聞的盛況。

打造「喝的保養品」

由於消費者對個人健康和地球永續發展的重視，植物基產品趨勢持續熱絡。根據 INNOVA 市場調查公司（Innova Market Insights）二〇二二年的調查報告，植物基成為全球食品飲料界的一大趨勢，從二〇二〇年起，全球新發布的植物基產品年增率將近六〇％，高品質植物基替代品的發展趨勢銳不可當。

但是，在台灣，愛之味的做法有些不同，卻同樣締造了傲人佳績。

在國外，最常見的植物奶訴求是要取代牛奶，但「我們是賣燕麥的好處，愛之味推出燕麥奶十幾年來，從不強調取代牛奶的概念，」陳冠翰說，燕麥奶完整保留了燕麥粥的滋味和營養，變成一瓶一瓶「喝的保養品」，純濃燕麥屢獲國內外專業機構評選為二十一世紀最具商機與潛力的健康飲品。

現代人健康意識抬頭，廠商不只強調植物基，更訴求少添加、減少製程、簡單成分、揭露真實資訊等規範。換言之，就是要求配方簡單、不加糖、更多蛋白質等，追求更加健康的飲食，最後終於獲得珍貴的「A A Clean Label」國際三星等級潔淨標章的殊榮。

事實上，陳哲芳在新品研發過程便多次強調：「這是要天天喝的產品，配方愈乾淨、愈簡單、愈天然，才會愈有益健康。」因此，純濃燕麥訴求的便是配方單純，不添加乳化劑、安定劑或其他任何添加物。

在這個基本前提下，愛之味純濃燕麥的原料只是水和燕麥片，關鍵是在酵素轉化後，還保留完整的營養價值、水溶性膳食纖維β-葡聚醣（Beta-Glucan），以及一般燕麥奶所沒有的燕麥寡糖，成為唯一榮獲調節血脂及免疫調節兩項國家健康食品認證的產品。

擁有健康食品認證加持，愛之味強力傳遞燕麥奶的機能性和預防醫學的健康概念，訴求長期飲用更具效果，是天天必「喝」的保養品，而若要一天喝一瓶，自然要一箱一箱買才划算，又呼應了當時整箱成打的銷售策略。

陳冠翰指出，台灣是全世界人均燕麥片消費額（量）第一的國家，燕麥奶相關市場值也達到約三十億元，號稱是全世界喝最多燕麥奶的國家。掌握這樣的趨勢，愛之味持續押寶燕麥類產品，十六年來，目前燕麥類產品一年約占全公司四分之一業績，在燕麥奶市場的占有率也達到四成三的規模，是獲利空間最大的品類。

擴大產品應用面

陳哲芳在世時，始終心繫愛之味的未來發展，一再鼓勵研發團隊深入探索，創造更多產品和機會，擴大燕麥市場的規模。

「咖啡師燕麥奶」的開發，就是一例。

台灣市場上曾出現許多植物奶取代牛奶，像堅果奶、杏仁奶，現在均已明顯為燕麥奶取代，最主要的原因在於燕麥的特質，是無論加入什麼，融合度都很高。因此，愛之味不斷嘗試推出燕麥的新組合，例如：紅豆燕麥、蜂蜜燕麥、堅果燕麥、草莓燕麥、奇異果燕麥、黑巧燕麥……，各式各樣的組合搭配都不會搶味。

尤其咖啡市場，植物奶逐漸取代牛奶，成為咖啡愛好者的新選項，愛之味自然不會放過，而所掌握的水解關鍵技術也在此時再次建功，大幅降低燕麥奶的黏稠感，使它呈現出像牛奶般滑順的口感，與咖啡更為融合，加熱後還可以和牛奶一樣打發成奶泡。

二〇二〇年，愛之味進入咖啡師職人燕麥奶領域，和歐美國際品牌「OATLY」並駕齊驅，成為業績推升的新動力。

咖啡師燕麥奶創造出另一個新品的通路和市場，愛之味陸續與路易莎、全家便利商店，和以「戀．奶精球」起家的開元食品等公司合作，讓燕麥奶的通路觸角延伸到咖啡專賣店、便利商店和咖啡供應商，從過去的B2C跨進B2B市場。

全家便利商店在台灣擁有四千多家分店、路易莎則有超過五百家門市，開元更是遍及飯店、餐廳、國際連鎖速食店、連鎖咖啡飲料店和各零售通路；此外，愛之味也結合知名的國際精品咖啡品牌，持續不斷開發新的通路與合作機會，創造更大的影響力。

向來喜歡開創新公司的陳哲芳，對未來愛之味的願景，是持續望向更大的國際市場商機，在燕麥市場持續發光。在他過世一年後，高野健康生技實現了他的願望。

進軍燕麥奶粉全球供應鏈

二〇二二年十一月初，耐斯、愛之味集團重要成員，包括：第一代的陳鏡仁、陳鏡堯、陳鏡亮，第二代的陳志鴻、陳志展、陳志倫，以及洪玉英和三個兒子陳冠舟、陳冠如、陳冠翰，集聚在嘉義大埔美精密機械園區，出席轉投資子公司高野生技的新建廠房開工典禮。

高野生技占地約三公頃，愛之味投資四億多元，希望將這裡打造成一座健康、綠色的植物基科技工廠，做為愛之味進軍全球植物奶市場的新基地。

這是愛之味籌劃多年的計畫，陳冠翰承繼父親遺志，期許在未來五年內，把植物基產品及市場發揮到極致，在大埔美生技園區打造一座先進的植物基燕麥粉體廠，把喝的純濃燕麥變成粉末，利用三酵微分解技術結合奈米研磨技術和滾筒乾燥技術生產水解燕麥粉，也就是即溶燕麥奶粉，成為上游原料供應商。

陳冠翰不諱言：「放眼全世界，最賺錢的食品公司都是做乾粉類的，營業淨利都是二〇%起跳。」把燕麥奶製成乾粉，不僅保存期限久、重量較輕，又利於行銷；以原料而言，過去是由供應商供應，若未來量體擴大，則可以直接從澳洲進口，撙節成本；若購置設備自行磨粉，又可降低費用，相對讓每一瓶燕麥奶的成本下降，提升競爭力；就投資層面來說，可以透過併購或自行投資生產線，相對彈性且易於掌控……

諸多因素推導，過去兩、三年，愛之味研發團隊啟動少量試車，生產即溶燕麥奶粉，再嘗試還原成純濃燕麥。試做成功的結果，讓愛之味更有信心，加速推動高野生技的即溶燕麥粉投資計畫，預計在二〇二三年下半年進軍全球供應鏈，包含歐美、亞洲各地或中國大陸等當地領導品牌，舉凡穀物食品、飲料、點心烘焙、早餐等類業者，都是未來爭取的目標客群。

打造燕麥食品生技集團

愛之味持續針對燕麥產品投資布局，十五年來，在燕麥系列產品的品牌與技術，累積了許多核心優勢和價值，在此時透過子公司高野生技開發燕麥奶粉新事業，可說是風險相對較低，但可望創造倍數成長之市場和業績的選擇。

不過，這個理想還需要時間進一步落實。目前，愛之味的計畫，是透過結盟合作方式，不論是飲料委託代工，或提供關鍵性的燕麥粉原料，善用客戶現有通路優勢，做大植物基產品市場的餅，在全球植物奶市場開創新的商機，打造出愛之味食品生技集團的嶄新局面。

依照規劃，愛之味、第一生技、高野生技三家公司將各自分工，形成一個食品生技集團，愛之味做品牌、推出新品；原料及生產端，將倚賴第一生技的無菌冷充填技術；新生力軍高野，則供應原料給愛之味、第一生技。

「燕麥系列產品在未來三、五年後，若陸續開花結果，相對創造的利潤會相當可觀，」陳冠翰樂觀地展望未來，可望突破愛之味長久以來本業營運的瓶頸。子承父志的開創性格局，當即顯露無遺。

第四部

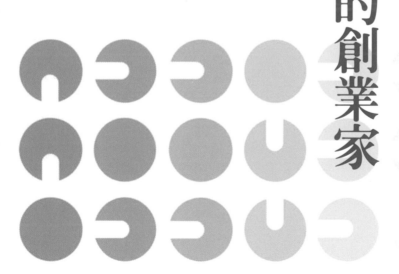

成爲帷幄運籌的創業家

創業，需要懷抱夢想，卻不能只是勇敢做夢。
創業家們往往努力追求機會，
鮮少將所能掌握的資源做為唯一考量，
並且在不為他人看好的情況下，
依然勇往直前。

1 從使命感出發

陳哲芳熱愛工作與創業，
但他說，自己不是為了享受個人成功，
而是基於想要照顧家族、員工的使命感。

哈佛大學商學院榮譽教授史蒂文森（Howard H. Stevenson）曾說：「創業精神就是追求機會，而不考慮所能掌握的資源。」

選擇創業，便是走上一條未知的道路，是一場冒險之旅，需要有勇氣、膽識，以及開創的思維和堅定的意志。耐斯、愛之味集團總裁陳哲芳，在家人與親友眼中，就是具有這些特質，期待走向未知旅程的創業家。

在工作上，陳哲芳最感興趣的兩件事，一是行銷企劃，另一則是發展新事業。「他就像集團的發動機，」耐斯集團董事長陳鏡村曾如此形容自家四弟，總是一再突破市場、不停開創事業，是一個開創型性格的人。

陳哲芳確實喜歡創立新公司，不過，「他其實是喜歡規劃，框架一做好，就又想著做其他事業；他常指派誰要去哪、去做什麼，但我們都還沒搞懂發生什麼事，就又多了一個新公司，」愛之味董事長陳冠翰說，有時創新的腳步太快，員工經常會跟不上。

「他像是轉動企業的大齒輪，有時我們小齒輪想休息一下，又被大齒輪帶著走，」在愛之味資歷超過四十年，第一生技副董事長王長發最能深刻感受，而透過多年來的觀察，他認為，「驅動總裁不斷前進的，並不是想享受成功的果實，而是一種使命感。」

陳哲芳的母親陳李月女常叮嚀他：「一、兩家公司顧好、做好就好，不要做太多事業，太忙碌！」但陳家家族龐大，因此他和陳鏡村都抱持相同的想法，就是為了照顧陳家子孫，必須把事業做大，才能「讓大家都有飯吃」。

秉持照顧家族成員的初衷，加上樂於體驗新事物，勇於創新、嘗試的個性，陳哲芳和和他的兄弟們一起攜手，開創出耐斯、愛之味集團龐大的事業體系。

熱愛工作，全年無休

在家人、員工和友人眼中，陳哲芳是十足的「工作狂」。陳哲芳夫人洪玉英十分生動地形容他：「工作排第一，第二是工作，第三還是工作。」

在陳哲芳的人生中，生活和工作已合為一體。一年三百六十五天、從早到晚，除了事業，還是事業。即便和家人出遊，他也不忘隨時「考察」，尋找商機。

「如果從台北南下，過了火炎山或大安溪，總裁拿起電話就開始call人，」劍湖山世界董事長尤義賢說，以前還沒有高鐵，司機開車載他回嘉義、雲林時，過了苗栗就開始撥打電話，告知他幾點會到哪裡，員工個個神經緊繃，如臨大敵。

員工稱陳哲芳為「不休假總裁」，他的字典裡沒有「休假」這個詞彙，假日時高階主管都要隨時待命，不知道他何時會來電。王長發記得，二〇一五年五月的某個週末，陳哲芳突然打電話給他：「明天我要帶貴賓去參觀無菌寶特瓶生產線。」

陳哲芳（上圖前排中、下圖左）熱愛工作，與他結褵逾五十年的洪玉英（上圖前排左六、下圖右）笑稱，對陳哲芳來說，工作排第一，但第二、第三也還是工作。下圖中為陳哲芳母親陳李月女。

陳家七兄弟秉持家族傳統，群策群力讓事業版圖持續擴張，遍及觀光、休閒、百貨、金融等領域。上圖前排為陳李月女，後排由左至右依序為陳鏡村、張鏡琳、陳鏡亮、陳鏡仁、陳鏡堯、陳鏡潭、陳哲芳；下圖由左至右依序為陳鏡亮、陳鏡堯、陳鏡仁、陳哲芳、陳鏡村、陳鏡潭、張鏡琳。

無菌冷充填生產線是二十四小時排班，偏偏在陳哲芳選中的那天，是工廠排休的日子，沒有生產。突然而至的「危機」，考驗王長發的應變能力。於是，他緊急聯繫休假中的員工，請他們隔日回廠安排生產作業，順利完成貴賓參觀作業。

一場緊急動員，展現了高效率的團隊運作實力，也意外催動了一回堪稱是前無古人、後無來者的「總裁特別生產線」。

不過，若曾與年輕時的陳哲芳共事，對於這樣的情況恐怕不會感到意外。

直搗問題核心

年輕時的陳哲芳便已經展現高度的行動力，遇事也總是直球出擊，毫不拖泥帶水。

七〇年代中，七陽食品外銷「沙漠樂」罐裝果汁，陳鏡堯和陳鏡亮負責外銷業務。那時外銷中東生意大好，有一次，一批幾萬箱訂單的貨，即將要出口，船公司卻因超收訂單，通知七陽，該批貨無法上船。事關商譽，陳鏡亮得知後，立刻打電話給船公司負責業務的主管，嘗試找到解決問題的方法。然而，三個小時過去，始終無法解決問題。

「發生什麼事？阿亮氣沖沖地講了一上午電話，」在辦公室另一端的陳哲芳忍不住問陳鏡堯。得知狀況後，他要求和對方通話，並且一開口就軟硬兼施，直指問題核心：「我們不想得罪你們（船公司），也得罪不起，但如果這批貨上不了船，你一定有『代誌』（事情、麻煩）！」

「結果，講不到一分鐘，對方就同意讓七陽的貨先裝船，」陳鏡堯佩服不已：「那時他才三十幾歲，就『在膽』（膽子大、不畏怯），事情很快就圓滿解決。」

家族力量形成後盾

陳哲芳勇往直前衝鋒，開創了許多事業商機。但創業要成功，不能光憑個人努力，尤其是家族企業，成員要共同參與、齊心協力，才能蓄積企業成長的動力。耐斯、愛之味集團能成功奠定根基，即是擁有家族堅實的力量做為後盾。

起初，是陳鏡村和陳哲芳兩兄弟共創事業，當時讀高中的陳鏡堯，課餘時間在家就會幫忙做些雜事，他記得：「以前一箱一箱的洗髮粉是用草繩打包，有時三哥還會叫我騎腳踏車去送貨。」後來陳鏡仁退伍，也加入耐斯。

「我媽媽要煮飯給工人吃，幫忙貼貨物稅標籤，還要管帳，」陳鏡村長子陳志鴻說。早年，商品生產出廠前要貼上貨物稅查驗標籤，陳鏡村的夫人陳燦珠身兼數職；洪玉英住在嘉義市延平街時，有時也會幫忙貼貨物稅標籤。

「早期我也在耐斯負責行政管理，」陳哲芳大姊陳麗如記得，一九七一年到耐斯上班時，工廠幾乎沒有管理制度，她土法煉鋼，「自己畫表格，印出報表，讓員工按表格填寫，把成品、半成品和原料各種資料數據做成日報表。」

「我就睡在三樓『公媽廳』旁，」陳家老二張鏡琳次子張志毓在一九七七年開始以廠為家，身為廠長的他，要區分上下班時間，就是「下班穿拖鞋、上班穿皮鞋。」

那時，耐斯566洗髮精銷路大好，「經銷商拿著支票到公司買貨，董事長辦公桌上堆著一大疊支票，我每天晚上都是八點半之後，等貨車載完貨才能下班，」陳志鴻回憶。

家族成員一起打拚，賺進大筆資金才有擴張的實力。之後，國本產業成立，接著七陽食品誕生，發展罐頭飲料事業時，張鏡琳自古坑鄉公所主任祕書退休後，就在七陽食品任總經理。至於其他兄弟，陳鏡仁曾擔任耐斯廠長、副總經理，以及耐斯、愛之味總經理等職務；陳鏡堯和陳鏡亮早年創業開設貿易公司，後來也回到家族事業，分別在愛之味和耐斯任職，陳鏡堯目前是愛之味總顧問，陳鏡亮則是耐斯總經理。

此外，現年九十四歲的陳家老大陳鏡潭，擁有日本東北大學理學碩士、東京大學藥學博士學位，畢生奉獻教育，曾擔任師大、清大教授、師大化學系主任及研究所所長、台北師專（台北教育大學前身）校長。退休後，陳哲芳延聘他出任愛之味中央健康科學研究所所長、台灣新日化董事長等職，目前為耐斯集團顧問。

共治不分家

在和園會館前有一塊大石頭，亮閃閃的金色字體寫著「和愛誠信」四個大字，這是陳哲芳在擔任監察委員時，於一九九二年親筆題的字，這四個字是耐斯、愛之味集團的經營理念，也是陳家家族成員間互動模式的體現。

在耐斯、愛之味集團，「董事長」就是指陳鏡村，「總裁」則必然是指陳哲芳。隨著二〇一二年陳鏡村辭世、二〇二一年陳哲芳逝世，集團依舊保留董事長和總裁榮銜；另

前副總統謝東閔（下圖中）前往和園參訪時，與陳哲芳（後排左三）家族成員在「和為貴」庭訓匾額前留影，不僅看見和園對凝聚陳家向心力的重大意義，也成為一段重要的時代記憶。

外，仿照日本商社體制，增設會長的榮譽職位，尊稱早年即投身耐斯服務的陳鏡仁。

「共治不分家，是創辦人、家父陳鏡村的期許，是我們家族長期以來的共識，」陳志鴻說，凝聚家族的和諧與團結，耐斯、愛之味集團由家族成員共同治理各個關係企業。

目前，陳家第二代在各專業領域貢獻所長，也是耐斯、愛之味集團的重要經營高層，例如：陳鏡村長子陳志鴻擔任耐斯集團執行長，次子陳志展為愛之味總經理、三子陳志倫是耐斯廣場董事長；張志毓則擔任耐斯總廠長、台灣新日化公司董事長。至於陳哲芳的三個兒子，陳冠舟是耐斯副董事長、國票金控董事，老二陳冠如為國票創投董事長，兩人都專精在金融投資領域；陳冠翰則是愛之味董事長，專注在食品專業領域。

誠信相待，布局世代接班

陳鏡村在世時，他是集團的精神領袖，集團內有重要事情時，便會找陳哲芳、陳鏡仁和陳志鴻商討或徵詢意見，四個人形成重要決策團隊，大家事先商量、溝通、討論；陳鏡村過世後，陳哲芳接掌集團領導的角色，他保留傳統，同樣會事先找陳鏡仁和陳志鴻商討，並尊重他們的意見。

二〇一〇年陳哲芳接任愛之味董事長，在二〇一八年欲交棒給陳冠翰，讓他發揮食品本科的專業能力，帶領愛之味。而面對接班重要大事，即使是父子相傳，他仍秉持傳統，事前特別找陳志鴻商討交棒陳冠翰的想法。「很好啊！他的學、經歷都是一流，」陳志鴻立刻大表支持。陳鏡仁也說：「總裁請我出面，在董事會上提議，我欣然同意。」二〇一九年，陳冠翰接任愛之味董事長，陳哲芳完成世代傳承，順利交棒下一代。

陳家有十個兄弟姊妹，第二代成員近三十人，加上第三代家族新血陸續加入，形成龐大家族網路，擴大企業經營層。「目前第二代有九人是專職在企業集團服務，三人兼職於企業集團；第三代則有兩人專職、一人兼職，」陳志鴻盤點細數企業集團內部人事，強調家族成員謹守家訓「和為貴」，落實分工合作的精神，和諧共事。「由於有父親和總裁兩位創辦人早年的先見之明，家族成員間相輔相成，建立深厚的事業基礎，才能使耐斯、愛之味集團擁有今天的局面，」陳志鴻言談間，對兩位創辦人的遠見和睿智敬佩不已。

2 關懷在地文化生活

耐斯、愛之味集團從生活用品、食品生技跨足休閒產業，
一路見證了嘉義在地商圈的演變史，
也見證了台灣工商產業的拓展史。

迎接二〇二三年的跨年夜，在雲林地區的漆黑夜空中，突然出現一雙手，捧著內有「愛之味」三個字的愛心圖案，接著出現「澎澎PONPON愛你」的字樣……

四百架雷虎科技的無人機，結合劍湖山摩天輪煙火燈光秀，一場璀璨奪目的科技與藝術盛宴，揭開新年的序幕。這是劍湖山連續第十六年的煙火秀。

當駕車行經北二高雲林古坑路段時，望向中央山脈，便可看到巨大的摩天輪映入眼簾，這座全台灣第一座摩天輪，直徑高達八十八公尺，也是當年台灣最大的摩天輪，雲林最醒目的地標。

跨足觀光產業

二〇〇六年，嘉義市東區忠孝路六〇〇號，一棟地下四層、地上十七層的大樓落成，成為嘉義市的新地標。它曾經是耐斯企業的大本營，締造耐斯的輝煌歷史；搖身一變，它成為嘉義市五星級的耐斯王子大飯店，同時也是時尚百貨購物商場。

五十年前，陳鏡村與陳哲芳兄弟從一大片柑橘園邁向新的里程碑，當初買下的兩千多坪土地，從果園、廠辦兼住家，到現代化工廠，再轉型成為時尚百貨、五星級旅館，一路見證耐斯企業成長史、嘉義在地商圈演變史，以及耐斯、愛之味集團在台灣工商產業、休閒觀光產業的拓展史。

故事的源起，要從陳哲芳和台中亞哥花園說起。一九八一年，陳哲芳和離開司法界從商的好友張平沼、台中廣播電台創辦人莊文勤，和曾擔任《中國時報》總主筆的李廉，共同創辦亞哥育樂公司，在台中市大坑地區打造一座歐式花園遊樂風格型態的亞哥花園。隔年開幕，便憑藉四季奇花異草、特色景觀及遊樂設施打響名號；一九八四年，亞哥花園開放夜間營業，以創新的夜間水舞音樂噴泉景觀，一年吸引上百萬人次造訪，最高曾創下年入園人潮一百五十萬人次的盛況，後來還成為華視熱門節目《百戰百勝》的拍攝地點。

隨著亞哥花園成為中部地區熱門的觀光景點，耐斯在雲林的和園紀念花園吸引不少遊客到訪，陸續有好友提出「耐斯也可以在雲林經營一座遊樂園區」的建議。有了先前的經驗累積，陳鏡村於是拍板，耐斯在日用品及食品業之後，朝觀光產業發展。

引領機械式遊樂園風潮

「以前這裡只是小小的『牛車路』（牛車輪走出來的土石路），」站在劍湖山渡假大飯店七樓禪園的窗前，陳鏡亮指著飯店前的大馬路說：「當年三哥和二哥就戴著斗笠在這裡開墾，親自指揮工人，一步一腳印開墾出來。」陳鏡村及張鏡琳陸續在古坑永光村和園旁

陳哲芳的命名創意，加上「劍湖山」設立之初，曾是台灣最大的機械式遊樂園，名號火速打響，園內的摩天輪迄今仍是雲林地區知名地標。

的山區收購土地，一九八六年，劍湖山育樂公司取得核准設立，由陳鏡村擔任董事長，曾任古坑鄉鄉長的吳新敬則成為劍湖山第一任總經理。

「劍湖山不是一座山，」陳鏡亮笑著說：「在和園附近有一座知名的寺廟慈光寺，旁邊有一個劍湖，當初要做遊樂園，四哥靈機一動就取名為劍湖山。」

陳哲芳的命名創意，竟成功打響了劍湖山的名號。

占地比亞哥花園更大的「劍湖山景觀花園」，在一九八八年開始對外開放營運；隔年，耐斯再和日本商社合資，引進各式機械遊樂設施；一九九〇年八月，園區更名為「劍湖山世界」，一座在荒山野地裡闢建出來的遊樂園區盛大開幕，占地廣達六十公頃，成為當時台灣規模最大的機械式遊樂園區，掀起台灣機械式遊樂園的風潮。

此時，耐斯的投資魄力再次展現。一九九〇年年底，號稱當時世界最大室內音樂噴泉「彩虹劇場」開幕；一九九三年四月，又吸引台視綜藝節目《彩虹假期》固定在彩虹劇場現場錄影，並開放遊客進場，炒熱劍湖山世界的知名度；之後，為了讓熱度延續，陸續推出各種主題樂園和設施，例如：夜間遊憩公園的「劍湖山園外園」、「兒童玩國」、全亞洲首座維京海盜主題園區「小威の海盜村」、三層樓的豪華旋轉木馬等。

在劍湖山世界最風光的年代，「遊覽車一車一車地駛入園區，遊客絡繹不絕，」現任董事長尤義賢在開幕前就到劍湖山服務，見證了當時年年吸引逾百萬人次入園，甚至寫下突破二百萬人次的紀錄，劍湖山也成為耐斯旗下第三大事業體。

時隔三十餘年，如今，劍湖山世界的摩天輪，依然是雲林地區耀眼的地標。自一九九〇年正式營運以來，劍湖山曾是台灣占地最廣的現代化高科技遊樂園區，當年更擁有台灣最大的室內親子樂園，也是第一家股票上櫃的民營遊樂區。

事實上，台灣的三大知名遊樂園區，有人暱稱為「三六九」，其中的「三」便是指劍湖山，經營績效自一九八八年景觀花園開放後，已連續三十三屆獲得交通部觀光局舉辦的「遊樂區經營管理及環境督導考核競賽」特優等獎，期間更曾連續十餘年拿下第一名。

豐富雲嘉南生活機能

雲嘉南地區雖然觀光資源豐沛，但一直欠缺五星級的飯店和大型購物中心。為深耕雲嘉地區，耐斯在休閒娛樂領域經營有成之後，進一步擴大在觀光產業的觸角。

為深耕雲嘉地區，耐斯打造耐斯百貨廣場（左）、耐斯王子飯店（右），為當地民眾提供商務、旅遊、購物等多功能生活空間。

二〇〇五年，耐斯特別規劃，利用坐落嘉義市忠孝路黃金地段的舊廠房，創造一個集結休閒、觀光、消費、美食及生活機能的複合式新地標，興建耐斯廣場大樓，隔年七月完工，嶄新的耐斯王子大飯店和耐斯時尚百貨購物商場在嘉義市區開幕營運。

加盟日本王子飯店體系的耐斯王子大飯店，打造出嘉義地區第一家五星級國際觀光旅館；引進日本百貨體系的耐斯松屋百貨，則是當地第一座萬坪規模的生活百貨，為嘉義和鄰近地區提供商務、休閒、購物等多功能的生活空間。

有了環境，雲嘉地區的消費力也逐漸受到矚目，吸引許多知名品牌進駐，例如：雷虎科技董事長陳冠如投資的乾杯餐飲集團旗下品牌「老乾杯」，二〇二二年六月進駐耐斯王子大飯店十七樓，短短兩個月，單店業績在該品牌台灣各店點排行即名列前茅。

資源重整，翻轉逆勢

二〇〇二年之後，劍湖山向外拓展觀光休閒事業的腳步變得更加積極。位於台北市木柵動物園捷運站的劍湖山「Zoo Mall兒童玩國」，是北台灣開風氣之先的室內主題樂園，正式加入營運；同年，又取得台東縣知本溫泉渡假專用區BOT投資案，獲得五十年特許經營權，計劃打造一個以溫泉為主題的溫泉娛樂世界。

二〇〇四年，劍湖山在嘉義縣民雄鄉設立「松田崗創意生活農莊」，打造出一個南洋風的休閒渡假園區；同一年，在嘉義縣大埔鄉，臨近曾文水庫的退輔會「嘉義農場生態渡假玩國」完成整建，正式開幕營運。

然而，受到國內大環境不佳、觀光產業受國外旅遊熱潮影響，嘉義農場生態渡假玩國與Zoo Mall兒童玩國相繼結束營業，溫泉娛樂世界也無疾而終；再加上，機械遊樂設施需要不斷斥資持續更新，且設備維修費用高，在少子化時代的集客力愈來愈有限，難以獲利，造成劍湖山營運日益困難，擴大投入觀光休閒產業的努力成為集團嚴重的財務負擔。

為使集團資源統籌運作，投資興建經營耐斯廣場的馬哥波羅國際開發公司和劍湖山世界兩家公司股東會通過合併案，劍湖山在二〇〇七年成立嘉義分公司，經營百貨和飯店業務。二〇一五年四月二十九日，劍湖山世界公司董事會通過分割案，設立一〇〇%持股的子公司耐斯廣場公司，將耐斯松屋百貨、耐斯王子大飯店納入耐斯廣場公司；當年年底，耐斯松屋時尚百貨改名為耐斯廣場時尚百貨，二〇一七年再更名為耐斯廣場購物中心。

事實上，劍湖山在二〇〇二年即擴展到旅館服務業，且為使園區經營能創造最大效益，開始積極推展二日遊行程，劍湖山渡假大飯店於二〇〇二年八月開始營運，二〇〇三年即加盟日本王子飯店店集團連鎖體系，劍湖山渡假大飯店更名為劍湖山王子大飯店。

為了強化品牌整體形象，二〇一五年，劍湖山與耐斯廣場公司業務切割，劍湖山王子大飯店成為當時雲林地區第一間、也是唯一一間的五星級飯店。不過，到了二〇一九年，劍湖山王子大飯店結束與王子大飯店的加盟合作後，名稱又回復為劍湖山渡假大飯店。

雖然觀光休閒產業經營得相當辛苦，但耐斯仍不忘耕耘在地，提供雲嘉地區鄉親休閒娛樂服務，同時致力結合在地文化，提振雲林文化經濟力，「咖啡文化知識館」就是這樣誕生的。

提振在地文化經濟力

古坑是台灣知名的咖啡產區，配合古坑咖啡節，劍湖山博物館重新整修規劃為「咖啡博覽館」，成為全台最具規模的咖啡文化知識館；此外，在鄰近劍湖山世界處，設立了蘿莎玫瑰莊園，結合集團旗下的愛健生命科學公司產品，打造出兼具購物、休閒雙重功能的主題花園。

除了「創新」，也不忘「守舊」。

古坑鄉有一條美麗的綠色隧道，位在台三線由斗六往古坑方向經過柴里橋，全長約兩公里的縣道，兩旁種植了數百棵逾五十年歷史的芒果樹，綠蔭蔽天。

但這條綠色隧道，差一點絕跡。

「當時為了拓建道路，這些芒果樹差一點全部被砍掉，是陳哲芳極力要求有關單位正視，才保留下來，」陳鏡亮提及這段少為人知的軼事，說明陳哲芳珍惜自然資源，對保護環境及文化的堅持。

打造特色主題休閒事業

早年發展養豬事業時，愛之味購置多筆農牧用地，部分閒置，部分陸續開發成休閒遊憩場所，成為耐斯、愛之味集團雄厚穩定的資產，例如，其子公司松田崗休閒育樂公司，即是向嘉義縣府提出申請，二〇一六年完成用地變更並取得執照，轉型成為松田崗蒙古渡假村，二〇二一年年底正式營運。以蒙古國空運的純正蒙式雕刻家具，打造出全台首座正統蒙古風主題渡假村，在國人因疫情無法出國時提供異國風情體驗，意外創造話題。

隨著時代遞嬗、環境改變，事業發展難免有起有落，曾經風光也曾面臨困境，觀光休閒業是人力密集的產業，需要專業人才全心投入，也必須專業聚焦才能營造獨有特色。找出差異化定位，是陳哲芳在發展產品時的堅持，而耐斯、愛之味集團切入觀光產業，必得秉持相同理念，才能找出未來發展和轉型的契機。

3 堅持理想不放棄

從民生用品到金融業，看似一場大跨界。
堅持前行的理由，是因為希望從事關乎民生經濟的事業，
贏得消費者認同與信賴，實現永續經營的理想。

一九九七年，亞洲金融風暴席捲亞洲各國。

那一年，對陳哲芳來說，多年來的銀行家的夢想，意外地跨進了一步。

但這一步，卻讓他深陷一場人生風暴。

當時，國民黨投資事業管理委員會（簡稱投管會）主委劉泰英，在高層指示下，協助

美國東岸華僑籌設一家新銀行——環球國際商業銀行。

沒想到，後來美東華僑眼見台灣銀行業已非特許行業，加上東南亞金融風暴影響，因而意願大減，原本應允的四十億元籌設資金全數落空。

無巧不巧，當時國民黨黨營事業早已投資銀行、投信、票券、證券金融等項目，擁有龐大的金融事業版圖，卻因囿於輿論壓力，陸續出脫黨營事業，正好國民黨的投資控股公司——中央投資公司（簡稱中投），手上握有四十餘億元資金，於是尋找民營企業一起籌設新銀行。

一波三折的金融路

身為國民黨投管會委員的陳哲芳，和素有國民黨「大掌櫃」之稱的劉泰英關係匪淺，在黨營事業陸續出脫時，購進相關公司股權，例如：中央產物保險公司（簡稱中央保）、中視，也曾任中華開發董監事。而環球銀行的兩大股東，就是中投和耐斯、愛之味集團，陳哲芳則內定為環球銀行首任董事長。

陳哲芳對金融領域一直有相當興趣，一九八八年，開放設立證券券商時，耐斯、愛之味集團即成為金鼎證券、寶來證券的原始股東之一，也曾投資環華證券金融公司、聯邦銀行、統一投信、寶來投信等，在金融業一直有所涉獵，唯股份都不多。

對於銀行業，陳哲芳一直情有獨鍾，可惜由於銀行投資股本龐大，加上耐斯、愛之味集團沒有銀行金融方面的人才，要取得經營主導權並不容易。

在獲邀加入籌設環球銀行之後，陳哲芳找上在金融界資歷近三十年的舊識，也是嘉義同鄉的鄭西園，延請他代表耐斯、愛之味集團，協助籌設環球銀行。鄭西園曾任職中央信託局、中國信託及改制後的中國商銀，當時擔任台北市票券公會顧問。

沒想到，受亞洲金融風暴拖累，景氣轉壞。一九九八年時，台灣許多企業營運大受影響，原本應允要參加籌設新銀行的企業，像東帝士、東隆五金等紛紛縮手，讓環球銀行的發起案一波三折。

依規定，新銀行設立資本額門檻是一百億元，其中發起人必須認足八〇%，其餘股份則公開招募。在中投和耐斯、愛之味集團兩大股東奔走下，歷時一年多，終於募集到設立銀行的法定門檻八十億元，向主管機關送件申請，獲得初步審核通過。

新銀行籌設只差臨門一腳，新團隊正準備對外公開承銷募資二十億元，跨進成立新銀行的門檻。

未料，此時政策大轉彎，殺出程咬金。

被迫接下泛亞銀行

股市中地雷股效應持續，一九九八年十二月初，總部位於台中的泛亞銀行因大筆不良放款拖累，資金結構失衡，營運岌岌可危。

泛亞銀行的大股東，是長億集團的楊天生家族。和陳哲芳同年當選國大代表的楊天生，黨政關係良好，也是國民黨投管會委員。在政府高層和主管機關授意下，身為中投代表人的劉泰英決定，奉命停止籌設環球銀行，將資金轉投資泛亞銀行。

面對突如其來的變數，陳哲芳即便百般不樂意，仍知其不可為而為之，因為，「重視人情義理的他，礙於情面，不得不跟著中投的腳步，轉投資泛亞銀行，」鄭西園說。

「當時其實就是去救火，泛亞呆帳很多，很多股東都退出了，只有陳哲芳還是答應投資泛亞，」曾任泛亞銀行董事長的劉維琪明白地說。為了解救泛亞銀行，卻犧牲環球銀行發起人的權益，為了「情面」，陳哲芳和耐斯、愛之味集團付出了慘痛的代價。

根據愛之味的年報資料，一九九八年支出五億元預付環球銀行籌設款項。當年愛之味原本持有中央保股票一萬二千餘張、持股率四．二六%，但為了參與籌設環球銀行，避免關係人身分影響，將中央保由長期投資改為短期投資，結果受到金融風暴影響，股市重挫導致中央保股票下跌，因此提列二億餘元跌價損失。

隨後，環球銀行原發起人召集發起人會議，決議放棄籌設案；隔年二月，愛之味收回投資預付股款五億元；中央保股票原持股在五月再轉為長期持有。一切，回歸原點。

難逃財務大洞

中投、耐斯和泛亞銀行三方最後達成協議，由楊天生以每股八元，轉讓二二．五%泛亞銀行股權給中投和耐斯。

但這場股權移轉像「趕鴨子上架」，沒有給予充足的時間考慮、評估，加上進駐協商時，泛亞銀行財務資訊不透明，在轉讓協議簽定後才進駐泛亞銀行的顧問小組也是直到那時，才驚覺事態嚴重。

然而，一切木已成舟。

陳哲芳心想：「頭都洗了，能不剃嗎？」然而他不知道的是，這個決定，讓他和耐斯、愛之味集團跳進了更大的火坑。

當時，主管機關財政部出面協商，決定由環球銀行籌備處人員轉任入主泛亞銀行的新經營團隊。

由於承受來自家族集團內部極大壓力，且考量銀行業要由具專業的專家專職擔任，陳哲芳此時婉拒出任原內定的董事長，堅持退居幕後，但最後在各方勸進下仍擔任副董事長。而籌備處主任、原內定總經理郭正昭，則堅持引退。

新經營團隊兩大要角陣前撤守，大股東中投找來當時的中央再保險公司董事長柯飛樂擔任董事長，柯飛樂則找以前在第一銀行任職的部屬、時任安泰銀行副總經理殷義男出任總經理。

一九九九年二月二十二日，泛亞銀行臨時董事會通過新經營團隊的名單。

三月五日，泛亞銀行董事會通過一九九八年經會計師查核的年度財務報告，一舉提列授信呆帳及各項損失準備金額高達七十三億餘元，使得稅後虧損逾五十一億元。

不服輸，多方管道力挽狂瀾

震撼彈威力驚人，讓陳哲芳馬前失蹄。但向來不服輸的他，仍時刻想要力挽狂瀾。鄭西園回憶，當時身邊幕僚建議陳哲芳：「一是認賠殺出，二是找策略投資人。」但想到泛亞的一千四百位員工，陳哲芳不忍地說：「盡量救救看吧！」

於是，為了解決泛亞銀行的財務沉痾，陳哲芳一度找上中興票券、玉山銀行及中華開發等金融機構，洽談合作、合併、收購等事宜。

當時，陳哲芳親自到行政院溝通，在政策主導下，二〇〇一年，當時的行政院院長張俊雄和財政部部長顏慶章出面，由第一銀行、大安銀行和泛亞銀行董事長共同宣布三家銀行的合併案，並共同簽訂合併意願書，成為台灣金融圈轟動一時的「三合一」案。

合併案工程浩大，其中牽扯的事務又錯綜複雜，大安銀行對合併案遲遲不見行動，

「三合一」變成一銀和泛亞「二合一」，但最終又因為《金融控股公司法》過關，一銀政策大轉彎，朝金融控股公司積極邁進，三合一、二合一悉數破局，泛亞又回到原先的困局。

解鈴還須繫鈴人，陳哲芳和劉泰英商談，希望由中華開發入股，直接接手經營泛亞銀行。偏偏，當中華開發接手泛亞銀行的作業正要進行時，劉泰英捲入新瑞都聯貸案，對中華開發入股案無暇他顧。

三顧茅廬，讓經營團隊成型

所幸，劉泰英希望先從高層人事改組做起，當時已找曾任中投總經理，剛從中山大學校長卸任的劉維琪，希望他接下重擔，只是並未獲立即應允。

不過，陳哲芳和劉維琪其實是有十多年交情的舊識。一九八七年，陳哲芳當選第一屆監察院第三次增額監察委員，任內認識當時的中山大學教授劉維琪。後來，劉維琪擔任中投總經理，陳哲芳任職國民黨黨營事業管理委員會，在公務場合曾有多次接觸接機會。

有了這番淵源，為了重用人才，陳哲芳三顧茅廬。劉維琪感受到他的誠意，加上「這個案子很有挑戰性，我決定試試看，」劉維琪說。二〇〇二年十月中，劉維琪和陳哲芳共同屬意的人選鄭西園回鍋接任總經理，泛亞銀行新的經營團隊成形。

然而，此時的泛亞銀行，大股東幾乎只剩陳哲芳一個人孤軍奮戰。在人事任命發布後，當時媒體報導，對劉維琪、鄭西園兩人接任新職的評論，都以「跳火坑」形容，顯然改造泛亞銀行的任務艱巨，外界均不看好。

這種說法並非無的放矢。為了改善泛亞銀行的財務體質，專業團隊提出各項財務改造計畫，希望能夠改變局勢。不曾想，竟讓陳哲芳和經營團隊陷入一場司法調查案。

財務改造、更名多管齊下

泛亞銀行累積的不良債權高達三百億元，「我到泛亞就著重在財務改造，」劉維琪強調，要讓泛亞銀行起死回生，唯有澈底改造財務結構。

處理不良資產、引進新的資金，是泛亞銀行能夠重生的兩大方向，但因銀行財務改造工程艱巨，預計分階段進行，第一期著重在減資六十五億元、找策略投資人認購特別股、讓資本適足率達到法定的八％。

當時，美國通用汽車集團轄下的美國通用商業資融公司（GMAC）打算在台灣發展，劉維琪找上對方洽談，後來雙方達成合作協議。二〇〇四年四月，泛亞和GMAC簽署策略聯盟備忘錄，合組公司認購泛亞銀行十五億元甲種特別股，占股權一四．二％，成為泛亞銀行最大股東；同時，派駐專家顧問協助解決不良債權問題，引進資產證券化等新業務。

同時，新團隊上任，為了有全新的氣象，決定為銀行更名，希望擺脫舊有包袱，重新出發。喜愛命名的陳哲芳，在更名動腦會議中，又發揮他的創意，主張新的名稱「要立足寶島台灣，放眼大中華」，寶華和英文Bowa的諧音似「包發」，於是泛亞銀行就以「寶華銀行」之名整裝待發。

除了更名，劉維琪當時也提出重新定位銀行，以「小市民銀行」為發展目標，以差異化凸顯特色，符合陳哲芳創新的理念。

然而，泛亞銀行的數百億元呆帳，每年攤提的費用過高。所幸，在進行銀行財務改造時發現，若與他行合併，可延長攤提年限到十五年。為減低每年攤提金額，寶華銀行積極尋找合併對象，而當時台灣最後一家信託投資公司——亞洲信託也欲改制為商業銀行，因此寶華找上亞洲信託洽談合併，最後決議，由寶華銀行為存續公司，亞洲信託一．五股換一股寶華。

未竟之志徒留遺憾

若合併案成功，外資願意參與增資四十億元，寶華銀行即可完成財務改造。未料，因主管機關高層不同意合併案，認為應先增資，資金到位再合併，但外資堅持在合併後才挹注資金，雙方無法取得共識，合併案功敗垂成，寶華銀行的財務改造工程難度加劇。

「就差了一年時間！如果寶華的案子成功了，絕對是教科書級的財務改造創新案例，」劉維琪惋惜地說，「寶華第一階段財務改造很成功，但第二階段進行時，就遭到監管。」

二〇〇六年年底，中華銀行爆發擠兌風波，主管機關擔心財務體質不佳的寶華銀行會步上中華銀行後塵，決定監管寶華銀行。

二〇〇七年八月十日下午三點半，中央存款保險公司（簡稱存保公司）奉金融監督管理委員會之命，接管寶華銀行，並受行政院金融重建基金委託標售；二〇〇八年年初，寶華銀行由新加坡商星展銀行以新台幣四四五億元標購得標，自二〇〇八年五月二十四日起概括承受。

從此，陳哲芳親自命名的寶華銀行走入歷史，而當年被比喻「跳火坑」的高階經理人，沒有想過，多年後人生真的掉入火坑。二〇〇八年六月下旬，陳哲芳、劉維琪、鄭西園和後來接任總經理的吳文科等人遭到檢舉，指稱他們身為大股東卻和GMAC合組公司，有利益輸送之嫌，先後遭到檢方調查約談，並遭限制出境、凍結財產。歷時兩年多，檢方才以不起訴結案。

「我最敬佩他的一點，就是他對金融紀律的尊重。我在寶華和國票金控擔任董事長近十年，他從來沒有跟我說過哪家公司要怎麼做，或是哪家資金借貸要怎麼樣……」在劉維琪眼中，陳哲芳為人誠信、正派，嚴格遵守金融法規，檢方不起訴就證實寶華銀行經營階層並無違法，還了他一個公道。

跟著陳哲芳從環球銀行、泛亞銀行到寶華銀行隕落，共同走過十年銀行之路的鄭西園，多年後，出版一本自傳《金融晴雨路》，揭露了許多不為人知的祕辛。然而，即使早已事過境遷，事實也證明清白，但橫生的司法調查案已成為難以抹滅的陰影。

不過，當年陳哲芳還做了一件事，出乎許多人意料之外，就是他在二〇〇五年時，介入了國票金融控股公司（簡稱國票金）的經營權之爭。

爭取國票金經營權

正值寶華多事之秋，此舉意欲何為？

從外人眼光看，陳哲芳是為了讓耐斯、愛之味集團的金融版圖增加一塊拼圖，但他當時對劉維琪說：「拿下國票金，是為了救寶華。」

國票金由國際票券金融公司（票券）、國票綜合證券公司（證券）和國票創業投資公司（創投）三大體系組成，證券體系旗下還有國票期貨、國票投顧和國票證創投三家公司，其中唯獨欠缺銀行這一塊。

經過長期觀察，陳哲芳認為，國票金向來獲利不錯，具有和寶華銀行結合的實力，而寶華銀行的資本若加入新血，便可望紓解財務困境。

因此，從二〇〇四年開始，耐斯、愛之味集團就布局買進國票金股票，成為僅次於官股的最大股東；二〇〇五年，國票金董監事改選，面對經營權之爭的多方角力，陳哲芳成立作戰指揮中心，親自擔任總指揮，並找來五弟陳鏡仁和寶華銀行常務董事吳永乾等人組成顧問團，由鄭西園出任召集人。

失之東榆，收之桑榆

在實際布局之後，陳哲芳原本有意邀請寶來集團結盟，一起拿下國票金，只是當時寶來因有意入主華僑銀行而婉拒。不過，當股東會召開在即，陳哲芳兩位好友白文正和張平沼旗下的寶來證券、金鼎證券，無不全力協助徵求委託書，最終讓耐斯、愛之味集團順利拿下五席董事、一席監察人，取得主導地位。

「他不會輕易放棄，總會多方努力、嘗試，很有毅力地一步一步去完成他的夢想和目標，」國票金控董事陳冠舟形容父親，無論再困難的處境，也要化不可能為可能。

可惜，國票金由三方股東共治，經營理念不一，導致合併案胎死腹中，最後痛失寶華銀行，陳哲芳銀行家夢碎。

然而，回歸國票金的事業版圖，始終缺了銀行業這一角。直到二〇二一年，國票金和日本樂天集團合資成立台灣第一家純網銀——樂天國際商業銀行，雖有別於傳統銀行，卻也似乎走出一條不同的路，讓國票金的版圖日趨完整。

跨足產險業，入主中央保

在金融領域，耐斯、愛之味集團間接參與投信、證券金融及銀行，陳哲芳在保險業也未曾缺席，透過投資中央保，跨足產險業。相對於涉入銀行業的紛爭與難題不斷，中央保由寶來集團主控，耐斯花費十年時間，最終獲利出場。

事實上，早在一九九八年之前，耐斯便陸續買下中央保股票，並參與經營權。中央保原是國民黨黨營事業，為配合股票上市及民營化，黨股逐漸釋出，於是陳哲芳邀請白文正，共同參與接手中央保的經營。

二〇〇二年，中央保成為百分之百的民營公司，而由於寶來一路加碼持股，「寶來與耐斯分別持股三七％、一五％，成為中央保的兩大主要股東，所持股權達到五二％，」國票金常務監察人吳永乾回憶，當時他任職的法律事務所是中央保的法律顧問，因中央保的法律諮詢案而結識陳哲芳。

二〇〇三年，中央保納入寶來集團，但當時台灣已出現企業外流的情況，國內產險市場明顯萎縮，在高度競爭下，獲利空間遭嚴重壓縮，寶來和耐斯體認到產險業大者恆大的趨勢，因此計劃將股權出售給外商獲利解套。在寶來集團主導下，二〇〇六年年中，美國國際集團（ＡＩＧ）旗下的美國環球產險（ＡＩＵ）併購中央保之後，耐斯也因此獲利數億元。

跨域歷練，拓展視野高度

對於耐斯跨足金融業的投資，外界曾解讀為，陳哲芳是為了第二代鋪路。不過，對陳哲芳來說，投資金融領域更大的收穫，在於有機會「易子而教」，讓下一代在金融業歷練，掌握不同的視野和規劃能力，最終回到集團體系服務，為家族企業效力。

以陳冠舟為例，美國哥倫比亞大學作業研究系（Operations Research）畢業後，取得英國倫敦政經學院碩士，對金融有高度興趣，回國後至中華開發歷練。二〇〇四年，陳哲芳派陳冠舟擔任寶華專門委員、常務董事，二〇〇六年接任國票金副總一職，一步步在金融領域踏穩腳步。

又或是陳哲芳二子陳冠如，自美國卡內基美隆大學工業管理系畢業後，第一份工作就在寶來證券，待了兩年，又到英國倫敦政經學院修習企管碩士，學成回國後曾在公元投信（寶來投信前身）實習，另曾在中華開發工業銀行調研處和海外部歷練。得到陳哲芳真傳的他，具開創性，喜歡創業、投資，曾創立網路相關公司。

要做贏得消費者認同的事

在耐斯入主中央保初期，陳哲芳曾任副董事長，但在二〇〇三年即安排陳冠如接任中央保副董事長，自己退居幕後；後來，在金融領域開拓出國票金版圖，陳冠如便被任命為國票創投董事長，在創投領域充分發揮長才，後來接手投資雷虎科技擔任董事長，意外走出自己的路。

回顧陳哲芳的金融之路，即便面對困厄難關，仍堅持到底，絕不輕言放棄。但，要鍛鍊二代子弟，總有許多方法，何以執著在銀行業？

「不論是日用清潔用品或是食品、飲料，耐斯、愛之味集團做的事業，和民生經濟及台灣人的生活都是息息相關的，需要長期耕耘、建立品牌，得到消費者的認同和信賴，銀行金融業也是如此，要長長久久服務客戶，做出品牌和知名度，才能永續，」陳冠如回溯父親一生，如此解讀陳哲芳的金融夢，以及他興辦企業始終不變的願景。

4 合作共榮，共創價值

透過品牌合作，
耐斯、愛之味持續激盪、創造火花，
期望帶動產業邁入嶄新階段。

品牌是企業的無形資產。

成功的企業是一個有機體，會不斷成長，除了本身朝多元發展之外，透過同業或異業合作結盟，抑或和其他品牌聯手，也可以吸收不同養分成長茁壯，創造更多附加價值。

陳哲芳深知品牌價值的重要，很早就和知名品牌合作，舉凡耐斯和萊雅集團合作、愛之味和雀巢合作，都是擴大市場，讓企業茁壯的途徑之一，也讓企業成員在品牌經營和面對市場及消費者時，得以擁有更開闊的視野，從而提升品牌價值。

代理萊雅，精進行銷策略與觀念

一九八八年九月間，陳哲芳和耐斯企劃部重要幹部沈崇崧，遠赴法國巴黎，參加萊雅全球經銷商會議，成為萊雅的台灣代理商，邁出耐斯和國際知名品牌合作的第一步。

萊雅是全球最大的化妝品集團，當年雙方合作時，已有近八十年歷史。集團總部位於巴黎市中心，坐落地點好，讓陳哲芳對萊雅品牌印象深刻；更重要的是，和萊雅合作，讓陳哲芳和整個集團學到許多產品、行銷的嶄新策略和觀念。

例如，推出多樣產品，占據貨架位置。

以前日用化妝產品進口，必須向衛生署申請核准字號，萊雅產品年年更新，「即使內容物不變，產品包裝、廣告都會更新，我們就必須向衛生署重新申請，」沈崇崧說，「一開始不明究理，後來才了解，這是萊雅的策略，因為要經常加入「新」的概念，讓消費者有跟上潮流的感受。他不諱言：「像『澎澎』，有時會一次出兩、三個不同香味的沐浴乳，把貨架占滿，就是從萊雅學到的行銷手法。」

此外，耐斯也學習到第一品牌的商品販售陳設觀念。

結束合作，卻留下可貴的無形資產

「一定要在最好的位置，而且占的空間愈多，行銷效果愈好，」沈崇崧說：「我們那時才了解，在國外商品上架要付上架費，買下的貨架空間還要有專人管理。」

影響所及，在九〇年代，耐斯即成立特銷所，負責服務量販店等進貨量大的客戶，務求占有賣場最好的位置，並租用端架陳列商品，派理貨員進駐大賣場整理貨品、陳列、補貨、張貼店頭海報等。

也正是從此時開始，耐斯對於通路管理有了不同的概念。

譬如，耐斯過去在台灣成立許多經銷商、營業所的模式，隨著通路樣態改變，由雜貨店、小賣店，一路演化到連鎖超市、大型賣場、量販店，經營型態也逐步轉型成為單純的物流配送。

與萊雅的合作，讓耐斯獲益匪淺，但隨著萊雅改變政策，決定在台灣設立分公司，陳哲芳認為，在這種情況下，不論是繼續代理或改採分公司模式，若無法掌控主導權，最終仍是為人作嫁，因而在一九九一年台灣萊雅公司成立後，雙方即終止代理業務。

不過，當年耐斯和萊雅合作時，是透過旗下子公司「台灣化粧品公司」（FORMOSA COSMETICS CORPORATION）代理萊雅的產品，而當年以「FORMOSA」之名註冊了台灣化粧品公司，讓後進的日用化學品公司或品牌都無法以「台灣」、「FORMOSA」等名字註冊，創造的品牌價值成為集團最珍貴的資產。

結盟雀巢，共創品牌價值

企業若重視品牌價值，在吸引力法則下，相對也會吸引重視品牌價值的企業前來尋求合作機會。愛之味和雀巢茶品的合作，就是其中一個例子。

雀巢茶品在台灣原由可口可樂代工，但當時雙方即將終止長達二十年的合作關係，於是雀巢和愛之味開始洽談合作事宜，之後雙方在二〇一五年年底正式簽約，而談下這筆生意的人，就是當時擔任中央健康科學研究所所長的陳冠翰。

愛之味是雀巢在台灣第一家本土策略聯盟的合作夥伴，從二〇一六年起，展開「雀巢茶品」的品牌授權合作。

然而，愛之味為何能夠雀屏中選？

創造互利共生的可能

「雀巢是檸檬茶的領導品牌，雖然愛之味不是台灣規模最大的飲料團隊，但過去許多產品都是各領域的領導品牌；更重要的是，我們說服對方相信，愛之味會把雀巢茶品當成自己的品牌長期經營，」陳冠翰回想當年，愛之味向雀巢提案及說明相關籌備作業時強調，「兩家公司的文化很相似，對品質堅持、很重視品牌價值及商譽，且對聚焦健康概念也有共識，並十分重視品牌投資。」

「這種合作夥伴其實很難找，」陳冠翰自豪地說，雀巢大中華地區總裁和經營團隊聽完他為雀巢擘劃的願景，即相當看好彼此的合作，雙方認同度很高，因此一拍即合。

事實上，愛之味對於品牌投資向來捨得花錢，「我們請了盧廣仲代言，推出「有機焙煎綠茶」、「有機柑橘茶」，兩支有機茶就花了上千萬元廣告費，」陳冠翰直言，「雀巢茶品」是國際知名品牌，卻也屬於較平價、年輕化的產品，而年輕人喜歡嘗鮮，品牌忠誠度相對薄弱，在台灣市場不會因為掛上「NESTEA」就比其他競品享有優勢，還是要花不少費用宣傳推廣。

合作研發，打造全方位茶品品牌

值得一提的是，雀巢茶品最為人熟知的是「雀巢檸檬茶」，是目前台灣三大檸檬茶品牌之一；至於可口可樂，在和雀巢拆夥後，決定創造自有品牌「飛想茶」（FUZE TEA），但儘管這款檸檬茶在全世界都建立了不錯的口碑，卻唯獨在台灣和少數市場，一直未能打出名聲。

「換句話說，我們跟雀巢茶品合作後，成功擊退了他們在國際檸檬茶市場的最大敵人

『飛想茶』，」陳冠翰笑著說，接手經營台灣市場七、八年，仍能維持雀巢的固有江山，這無疑是愛之味的驕傲。

更進一步，與萊雅的合作，讓耐斯從中學習成長；如今，愛之味也有進一步創新價值的能力。

簡單來說，愛之味和雀巢的關係不只是代工，而是類似授權合作研發的概念。陳冠翰在雙方合作過程中發現：「消費者的印象停留在雀巢就是檸檬茶，是年輕人的飲料，很難想像雀巢茶品可以和調節血糖、腸道保健、降低膽固醇與三高的功能茶劃上等號。」

然而，功能茶是愛之味的強項之一，於是借力使力，做出大膽嘗試，在二〇二一年為雀巢茶品設計一款功能茶。

「我們把國家健康功能認證小綠人標章，應用研發在雀巢茶品上，推出『雀巢蜜香漾烏龍』，」陳冠翰自豪地說，愛之味做到了當初的承諾，不吝惜提供資源，操作雀巢品牌的功能茶。

不僅如此，七、八年來，他一直和雀巢高層溝通，建議對方應該調整策略，讓雀巢茶品不再只是針對年輕人提供歡樂的氛圍，而是應該以最強的檸檬茶為基礎，「把

『NESTEA』茶品領域輻射到更廣的有機茶、功能茶，做成一個全方位的茶品品牌。」

雀巢茶品在台灣市場原本就有一席之地，一年大約可達二億元的規模，透過雙方合作，陳冠翰樂觀預期，可望在台灣茶品市場再創新的里程碑。

技術領軍，布局全球供應鏈

雀巢是世界第一大的食品集團，二〇一五年相中愛之味種下合作機緣，十年合約眼看即將到期，外界對於愛之味能否再取得合作機會，投注不少「關愛的眼神」。

「我們相信，雀巢會持續深耕台灣，不會放棄既有的市占率和知名度，」正因如此，陳冠翰自信地說，雙方都能蒙其利，才是會否繼續合作的關鍵，而如今雀巢檸檬茶已在台灣占有一席之地，愛之味交出的成績單，就是最大的憑仗。

不過，愛之味著眼的不只是雀巢茶品，更是希望透過初次合作的成果，創造更多合作的機會點。

「NESTEA」只是開始，當全球進入植物基領域，愛之味更期盼和國際大廠創造更多植物基合作專案，舉凡瓶裝的咖啡師燕麥奶、罐裝的即飲植物基保健飲品，或是紙盒裝的植物基保久乳，進一步擴大市場。

陳冠翰接班後，積極和國際大廠合作，因為他深信愛之味可以協助國際大廠熟悉台灣市場的操作，還能帶進研發的創新，譬如像是酵素轉化技術、無菌冷充填技術，乃至推展中的即溶燕麥奶粉，這些國際大廠有興趣合作的項目，可望讓愛之味成為對方供應鏈的一環，甚至有機會創造出從台灣出發的國際策略聯盟品牌，變成模範應用在全世界。

「如此一來，雙方不僅找到合作的機會點，互利共生，如果能再創造出新的火花，還可能帶動整個產業邁入嶄新階段，」對於未來，陳冠翰樂觀期待。

布局乳品事業

對台灣比菲多公司的投資，是愛之味全面布局的另一個例子。

一九九九年，在食品業經歷多年的味全經理人梁家銘，創立新事業台灣優植公司，生產發酵乳品，在二〇〇〇年五月推出了「活益比菲多」。後來，由於缺乏充裕的行銷資源

愛之味積極布局歐美及大中華市場，於2015年宣布和雀巢茶品合作。中為陳哲芳、左一為現任愛之味董事長陳冠翰。

和通路，梁家銘找上當時的愛之味副董事長陳哲芳。

二〇〇一年，樂於提攜後輩、廣結善緣的陳哲芳，透過愛之味和關係企業投資五千萬元，拿下台灣比菲多醱酵公司四五％股權。在新資金引入後，比菲多比照愛之味的行銷模式，花大錢找明星代言，卓著的成效讓愛之味對踏入冷藏飲品市場更具信心。同年，愛之味成立愛鮮家冷凍冷藏食品公司，持股五一％。

二〇〇九年，愛之味和比菲多的合作告一段落，原始創業團隊買回愛之味持股，愛鮮家冷凍冷藏食品改名台灣比菲多食品公司，愛之味獲利出場。然而，陳哲芳對乳品事業一直無法忘情，轉而開啟耐斯、愛之味集團在乳品事業的布局。

投資品牌，擴大市場

成立於一九八六年的英泉食品，是雲嘉地區知名的牛奶品牌——英泉牛奶的製造商，因原負責人積欠大筆稅款，公司資產遭到法拍，愛之味公司旗下子公司第一生技，取得英泉牛乳的商標長期使用權及行銷總代理權，後來也取得了位於雲林縣斗六市的工廠及土地資產。

二〇〇一年，第一生技和愛之味簽訂英泉乳品的總經銷授權合約；隔年，第一生技又轉投資成立雲乳食品科技公司，從事英泉牛乳、調味乳、優酪乳等乳品製造和代工，之後再轉由愛之味持有雲乳七五％股權。而由於加入比菲多及投資愛鮮家，愛之味也委託雲乳製造代工，在二〇〇三年、二〇〇四年推出高原鮮奶優酪乳、冰棒、冰淇淋、高原鮮奶、零脂肪優酪乳、牛媽媽系列全脂鮮乳，以及多種不同口味的調味乳、活菌發酵乳等冷凍、冷藏產品。

品牌是企業的資產，併購、投資品牌也是擴大市場的一種方式，當初與英泉牛奶的合作，陳哲芳即是看重它的品牌價值。

然而，不可諱言，商場投資也難免出現「有心栽花花不開，無心插柳柳成蔭」的情況。成立於一九六五年代的台富食品工業公司，便是如此。

以製造銷售各式口味夾心系列餅乾為主的台富，原創辦人劉文騰和陳哲芳同時當選國大，後來台富出現財務問題，而陳哲芳有心保留具歷史的品牌，同時台富的品牌價值也符合耐斯、愛之味集團的品牌投資策略，於是在一九九五年六月，以每股約十四元的價格買下台富。

然而，台灣本土餅乾品牌敵不過國外大型食品品牌競爭，市場規模逐漸萎縮，二〇〇九年工廠全面停產。至此，台富走入歷史，但台富擁有龐大的土地資產價值，卻為耐斯、愛之味集團帶來意想不到的收穫。

以聯盟、聯名模式擴大商機

面對整體經濟大環境的挑戰，策略聯盟一直是近年來愛之味相當重視的營運模式。因此，除了雀巢茶品之外，愛之味持續透過併購、和國內外同業策略聯盟OEM或上下游整合等方式，強化市場競爭力。

譬如，愛之味為全家便利商店代工生產四季春青茶、烏龍綠茶、古早味紅茶等自有品牌茶飲系列，之後全家Let's Café在二〇二一年推出使用愛之味咖啡師燕麥奶沖煮的全家燕麥奶拿鐵，便是愛之味著眼全家遍布全台四千家門市通路商機的策略布局之一。

又例如，愛之味在二〇二二年推出的新產品「咖哩豆腐」，不只是讓咖哩和豆腐碰撞出新意，更重要的是，愛之味和日本咖哩名店CoCo壱番屋聯名，把咖哩豆腐搭上日本名店，成為調理罐頭中唯一跨界聯名商品。CoCo壱番屋在全球連鎖店高達一千四百家以上，在台灣也有近三十個營業據點，愛之味便是期望藉此聯盟合作，追求擴大市場的機會。

成功的企業在草創時，創辦者往往具有強烈的使命感驅使企業成長，然而面對愈來愈多元化的競爭與挑戰，創業精神之於領導者，不僅是創立新公司，還要能求新求變，善於利用創新的策略創造新價值，才能在時代脈動下持續壯大前行。耐斯、愛之味集團一方面深耕在地，與台灣人和土地深度連結，一方面則期待透過品牌投資、異業合作、策略聯盟等方式，合作互惠、共創價值，以拓展核心競爭力，期許企業能與時俱進而不輟。

第五部 建立共好網絡

人脈必須經營，卻不能過於功利。
若只是利之所趨，
最終難免落得一句「天下事合久必分、分久必合」。
能夠共同成長、共榮共好，
才能成為別人帶不走的人脈。

1 由商轉政擴展視野與膽識

陳哲芳在政治圈的好人緣，超越黨派色彩。
而在經過商、政兩界交相薰陶之後，
提升了人生的高度，也拓展了服務的廣度。

七〇年代在嘉義發跡的耐斯、愛之味集團，參與並見證了台灣經濟奇蹟，耐斯陳家在嘉義工商業的影響力也占有舉足輕重的地位。

耐斯創辦人陳鏡村，早年即是嘉義工商業界的領導人物，也是台灣省工業會的會員。一九七五年時，依《工業團體法》第四十九條規定，結合台灣省工業會所屬的嘉義縣三十九家會員工廠，籌組創立嘉義縣工業會，陳鏡村為創會理事長。

一九八〇年，陳哲芳三十九歲。那年，他當選國民大會代表，成為台灣政治史上最年輕的國大代表。從工商業轉戰政治圈，這樣的經歷，讓他有別於其他商界友人，可以站在不同高度，擴展視野和膽識，也讓他有機會在政治、經濟、商業領域展開觸角。

史上最年輕的國大代表

一九四七年，中華民國施行憲政，進行第一屆國民大會、立法院及監察院選舉；但自一九四九年遷台後，因政治局勢多變，長期未進行中央民意機構選舉，直到一九七二年才進行第一屆第一次增額選舉，至一九九一年方全面改選。

一九八〇年，舉行第一屆第二次增額代表選舉時，在工業界耕耘近二十年的陳鏡村認為，四弟陳哲芳的談吐和氣勢，適合往政界發展、為工業界發聲，因此推派陳哲芳代表耐斯集團參選國大代表；同年，陳哲芳由集團推舉，獲選為中華民國第六屆十大傑出企業家，更拉升聲勢。

在胞兄陳鏡村鼓勵下，陳哲芳（中）投入政界，並成為最年輕的全國工業團體國大代表。左為陳哲芳夫人洪玉英。

工業團體國大代表是全國性的選舉，「工業團體增額國大只有三個名額，陳哲芳以六千八百多票、最高票當選，」陳鏡堯回憶當年，家族成員動員各地的關係和人脈，「我還曾經到雲林、彰化、宜蘭幫他拉票。」

陳鏡村更是全省跑，義不容辭幫弟弟助選。

陳鏡堯記得，選戰正熱時，有一天，陳鏡村對他說：「阿堯，你岳父是宜蘭人，我們去宜蘭請他幫忙。」於是兩人在親家帶領下，一一拜會宜蘭地區的企業。最後開票結果，陳哲芳在宜蘭的得票數將近一百五十票。

為了不辜負三哥的期許，陳哲芳也不遺餘力自我推廣，甚至拿著工業團體名冊，一一拜託好友幫他拉票。例如，時任台中港倉儲裝卸公司董事長張平沼，在台中政商界擁有不少人脈；花蓮燕聲電台董事長莊坤元，當時是花蓮工業會理事、慶美企業董事長，也卯足全力幫好友拉票，取得當地半數選票。

得道多助的陳哲芳，成為台灣史上最年輕的國大代表，「三十九歲就當選國大，讓他有機會增廣見聞，膽識也更足，」陳鏡堯認為，四哥當時因為國大的身分，有機會結識工商業及黨政圈的重要人士，交遊更廣、視角更高，甚至得以成就許多事業機會。

在國大代表六年任期屆滿後，陳哲芳仕途更上層樓。一九八六年，他出馬參與第一屆第三次增額監察委員選舉，又一舉當選第一屆監察委員。國大代表及監察委員的資歷，讓他成為政壇的閃亮新星。

與人為善，從政和為貴

「和為貴」是陳家家訓，活躍在政治圈的陳哲芳更謹守訓誨，與人和、廣結善緣。而也正因為做人圓融、與人為善，讓他在政商界人脈亨通。

八〇年代，蔣經國和李登輝被選舉為第七任中華民國總統和副總統，陳哲芳就是國大代表之一，而他也在那時與李登輝建立了匪淺的關係，「李登輝都叫他『Tetsu』，」陳哲芳夫人洪玉英說，非常熟識、關係很好的人大都稱呼他的日本名字。

「以前在來來飯店（台北喜來登大飯店的前身）吃飯，只要遇到認識的人，他會要服務生拿帳單給他，默默付帳。因為人面太廣，有時一口氣買單好幾桌，但他都一樣大方，」陳鏡堯說。

值得一提的是，陳哲芳在政治圈的好人緣，沒有黨派色彩之分。

當年，他以無黨籍身分當選國大代表，獲選為國民黨國民大會黨部常務委員、國民黨黨營事業管理委員會委員；一九九六年，獲得時任總統李登輝聘任為總統府國策顧問；二〇〇五年，在陳水扁擔任總統期間，也獲聘為國策顧問；二〇一六年，總統蔡英文上任後，又再聘任他為國策顧問，直至二〇二一年過世為止。

在政壇上，能獲三位總統賞識，三度被聘任為國策顧問者屈指可數，陳哲芳就是少數之一。

積極參與兩岸交流

手握優秀人脈，陳哲芳並未只顧私利，而是在做好紅頂商人本業之外，積極發揮所長，在海峽兩岸事務中擔任要角。

一九八九年十二月，他出任海峽兩岸經貿協調會代表，自一九九〇年之後曾多次前往中國大陸商務考察，以海峽兩岸商務協調會顧問身分，和該會會長張平沼赴北京訪問，會見大陸中央總書記江澤民及總理李鵬。

一九九一年三月，由政府及部分民間人士共同捐助成立海峽交流基金會（簡稱海基會），進行兩岸接觸與協商，陳哲芳是創會董事之一；二〇一〇年，海峽兩岸民意交流基金會成立，他擔任副董事長，好友張平沼是常務副董事長，每年組成民意代表交流參訪團，到大陸交流考察。與此同時，中國大陸相對成立了海峽兩岸關係協會和全國政協，建立兩岸交流管道。

經過雙方的努力，海峽兩岸民間經貿交流、保障在大陸投資貿易之台商權益，在兩岸三通、「海峽兩岸經濟合作框架協議」（ＥＣＦＡ）生效後逐步落實，投資和人員大量往來，兩岸雙向貿易日漸暢旺。

在多次到中國大陸參訪的機會中，陳哲芳曾與陳雲林、錢其琛等多位高幹面對面晤談，建立兩岸豐沛人脈；而他只要去到和園會館，總喜歡坐在大門外的大樟樹下泡茶，那裡有一座巨大的石桌和十二張石椅，即是中國大陸友人致贈的龍壁石。

由於很早就有機會到中國大陸考察，耐斯、愛之味集團和當地有許多合作機會，投資布局大陸甚早，例如：一九九四年、一九九六年分別在上海松江區設立上海愛之味、上海

陳哲芳（上圖前排左三、下圖右二）年僅四十六歲便獲選擔任監察委員，期間即使工作繁忙，仍不忘四處巡訪，克盡己責。

耐斯公司；二〇一〇年和北京控股公司合作，在北京成立愛之味京泰國際公司，銷售純濃燕麥等產品，並成立燕京愛之味，引進「燕京啤酒」。

熱中參與工業團體事務

回到家鄉台灣，陳哲芳對於工商業公眾事務的參與，更是不遺餘力。除了早年參與台灣省工業會，在中華民國全國工業總會、中華民國全國商業總會、中華民國證券商業同業公會等單位，均曾任理監事。

在企業領導者之外，陳哲芳也是一位父親。除了傳承庭訓，手中的事業，以及公眾事務、工商業團體和人脈，他也陸續交棒後代。

以台灣工商企業聯合會來說，係一九九三年由太子汽車創辦人許勝發等活躍於台灣政商界的企業領袖及企業集團發起，耐斯、愛之味集團亦為創始會員之一，陳哲芳曾任第四、五屆常務理事。二〇一五年時，陳哲芳出任該會首席顧問，二子陳冠如則接下常務理事；至於參與創會的海基會，則由長子陳冠舟接任董事。

超越黨派，陳哲芳（上圖二排右三、下左圖右、下右圖右）與歷任中華民國總統，包括：李登輝（上圖前排中）、陳水扁（下左圖左）、馬英九（下右圖左），均保持良好關係。

總統聘書

茲依總統府組織法第十五
條規定
特聘
陳哲芳先生為總統府國策顧問。
聘期：自中華民國110年2月9日起至111年5月19日止。

總統蔡英文

中華民國 月 9 日

陳哲芳（上圖中排右一）三度受聘為國策國顧問，在政壇上屈指可數。上圖前排左四為中華民國總統蔡英文、左三為副總統賴清德。

這樣複雜的人脈網絡，陳哲芳如何傳承給後代？

回憶起父親的教導模式，陳冠舟說：「父親不會特別告訴我們要怎麼做，他只是把我們帶在身邊，讓我們聽他們談話。」

三不五時，陳哲芳總會與兒子們通話，開口便問：「吃飯沒？晚上有沒有事？」陳冠舟記得，臨近下班或吃飯時間，常會接到陳哲芳的電話，希望兒子們可以一起參加他和朋友的聚會，而三兄弟了解父親的用心，也總會盡可能排除萬難，陪伴父親應酬。

除此之外，在企業界有一個知名的「三三會」組織，全名是「中華民國三三企業交流會」，是由國內知名且具影響力的企業家組成，定期在每月第三個星期三舉行午餐會，除會員交流外，並邀請政府官員、專家學者發表演講，目的是培養新一代年輕企業家，藉以傳承企業文化和交流；而在此之外，又成立了「三三會青年企業家委員會」（簡稱三三青年會），現任會長即是陳冠舟。

不過，即使兒子陸續接棒，來自父親的殷切叮嚀，未曾減少。

「你現在是不是不太會說日文了？」在接任要職後，陳哲芳問陳冠舟。大學時曾修習日文，只是久未使用已見生疏，但三三青年會常到日本參訪，與日本企業交流機會較多，陳哲芳便不忘督促陳冠舟要多學習以備不時之需。

鼓勵後輩積極為產業盡心

陳哲芳非常鼓勵後輩多參與公眾事務，尤其是工商業團體的公會、協會等。台灣罐頭食品產業在台灣光復後蓬勃發展，一九五四年成立的台灣罐頭食品工業同業公會（簡稱罐頭公會），是台灣較早發展的公會，至今已近七十年，具有歷史指標和定位。多年前，業界希望陳冠翰接任罐頭公會理事長，注入新血。原本，陳冠翰無意接任，但陳哲芳得知後，鼓勵他勇於任事，畢竟，耐斯、愛之味集團的七陽食品和愛之味都是從事罐頭食品、飲料業務，愛之味目前也是會員，為產業盡一點心力，責無旁貸。

二〇一七年，陳冠翰接下罐頭公會第十八屆理事長，並於三年後連任，讓已有逾一甲子歷史的公會煥然一新。

陳冠翰任內，推動了許多公益與產學合作活動，譬如，二〇一九年，罐頭公會與雲林科技大學共同舉辦「第一屆台灣罐頭產品公益設計創意競賽」，向十一家會員廠商募集總

政商人脈傳承不易，而陳哲芳（前排右）透過日常互動，讓三個孩子都能從中學習成長。前排左為陳哲芳夫人洪玉英，後排由左至右依序為陳哲芳長子陳冠舟、三子陳冠翰、次子陳冠如。

陳哲芳（上左圖右、上右圖右一、下圖左）與夫人洪玉英（上右圖左二、下圖右）重視教育，長子陳冠舟（上左圖左）、次子陳冠如（上右圖右二）、三子陳冠翰（上右圖左一、下圖中）在學業與事業均有不錯成就。

值逾百萬元、三萬五千個罐頭，全數捐給食物銀行與弱勢家庭，藉由公益活動，與整個罐頭產業一起帶動社會創新與正向力量。

另外，陳冠翰也積極推動產學合作，像是在二〇一九年、二〇二一年舉行「台灣罐頭產品創意設計競賽」，由罐頭公會和世新大學主辦，愛之味和食品工業發展研究所協辦，透過到工廠實作，讓年輕學子了解罐頭食物風味和營養價值的維持及保存功能，吸引超過五十所大專院校學生組隊參賽。

除了罐頭公會，陳冠翰曾任台灣食品科學技術學會理事長，目前則是台灣穀物產業發展協會副理事長，在食品界貢獻所長，不負父親期望。

書能除怯，重視教育與文化

二〇一五年，陳哲芳獲頒嘉義大學生命科學院榮譽理學博士。嘉農畢業後，他很早就出社會，畢其一生都在產業界努力奉獻；後來，他曾在嘉農園藝科繼續深造，也到美國加州州立大學長堤校區進行短期研究、學習。這樣的勤學精神，不僅是他的自我要求，也反

陳哲芳（右）公餘仍不斷自我提升精進，勤學精神讓他在2015年獲頒嘉義大學生命科學院榮譽理學博士。左為時任嘉義大學校長邱義源。

映在他對子女的教育上。

「他常跟我們說『書能除怯』，好好讀書能讓我們更有自信心，消除膽怯，」陳冠舟說，陳哲芳相當重視子女教育，鼓勵、栽培他們兄弟追求最高學歷。

在學術文化領域，陳哲芳同樣不餘遺力，貢獻所能。他曾任中正大學學術基金會兩任理事長、榮譽董事長，並曾任亞太文經學術基金會董事，以及歐洲文教交流基金會創辦董事，備受推崇。

不僅如此，對於孕育陳家和耐斯、愛之味集團的雲林、嘉義兩地子弟的教育，他也同樣重視，因此便與陳家兄弟在雲林共同成立陳添濤文教基金會、在嘉義成立陳李月女慈善基金會，不時舉辦文教、公益活動，為地方盡棉薄之力，也為培育鄉里子弟盡心。

特別值得一提的是，在雲林古坑鄉東和國小校園內，有一座庵古坑文化館。東和國小是孕育陳哲芳十個兄弟姊妹的母校，具百年歷史；「庵古坑」是古坑的舊稱，庵古坑文化館的前身就是陳添濤紀念圖書館，由陳添濤文教基金會資助興建，後來基金會建議轉型為古坑鄉地方文化館，結合學校鄉土教育，推廣在地文化。

心懷故舊，在事業有成之餘，陳家人也不忘回饋這片土地上的人情與風土。

2 相濡以沫，不吝分享

在常人眼中，商場上沒有永遠的朋友。
然而，陳哲芳重情重義，
往往成為他人畢生難得的知交。

「那天，他一路送我下樓，到大樓門口，頻頻揮手，目送我上車離開……」沒想到，這一別，竟是永遠。

燿華企業集團會長張平沼撥電話給陳哲芳，許久未聯絡上，心中十分納悶，因為兩人向來互動頻繁，深知對方一定會親自接聽電話或回電，這次的不同讓他有些心緒難安，忍不住趕緊聯絡陳哲芳的祕書，火速到辦公室見他一面。

兩人聊了一個多小時，張平沼起身道別，陳哲芳坐著輪椅送客。「平常他都會送我到電梯口，那天他執意跟著我進了電梯，到三樓要轉手扶梯到一樓，輪椅不方便，我堅持請他止步，他還是跟著下樓，到大門口，一直揮手，直到我上車後，還不忍離去……，冥冥中，他好像在跟我道別，」張平沼說著，紅了眼眶。

八天後，二〇二一年十月三十一日，陳哲芳因病在家中過世，靈堂設在耐斯、愛之味集團台北總管理處的玉山廳。之後幾天，張平沼幾乎天天到靈前，陪伴相識逾五十年，情同手足的老友。

以心換心，知交半世紀

人與人的友情，很難憑空產生，往往都是以心換心的結果。

時光逆轉，一九七一年年中，位在員林的彰化地方法院，一場仿冒案的官司開庭，一位是堅守正義防線、嚴懲不法罪犯的法官，一位是鍥而不捨捍衛商譽及事業的原告，從此兩人結下半世紀的情誼。「我年紀比他大兩歲，但常對他說：『你是我做生意的師傅。』」張平沼回憶當年，「我離開公職出來創業，就是受到陳哲芳的鼓勵和支持；我創設的公司，他都是發起人之一，也都當過常務董事。」

一九七六年，十大建設興建的台中港將開放民營，原在台中地檢署擔任襄閱檢察官的張平沼也是在此時，決定放棄司法界要職，改行從商，力邀好友們一起參與民營港口倉儲裝卸公司投標，陳哲芳就是受邀者之一，共同創立台中港倉儲裝卸公司。

初創事業，公司就賺了不少錢，張平沼在一九八〇年成立愛地雅工業，耐斯、愛之味集團也是創始股東之一；往後，只要張平沼創立事業，陳哲芳無不全力相挺。

張平沼坦言，如果時機對的話，創業可以很賺錢，但經營事業的風險很大，「很多朋友對我說：『你的事業做得很好，很成功。』我都跟他們說，你們沒有看到我半夜想著明天要怎麼解決三點半軋錢的問題，愁得睡不著覺都是家常便飯。」事實上，「做生意一定要有心理準備，不可能每個事業都一帆風順！」陳哲芳在張平沼開創事業時，就曾經這樣耳提面命。

一九八四年，張平沼創立燿華電子，跨進電子科技產業做印刷電路板，陳哲芳同樣

陳哲芳（上圖前排左一、下圖前排右二）性格重情好義，為他累積了豐厚的人脈，而他也善用這份能量，積極參與兩岸交流，為耐斯、愛之味集團擴大布局。圖為海基會董監事合影。

相挺，但「創業第一年，才十一個月，九千萬元資本額就賠光了，」張平沼說，第一次增資，股東仍捧場，還好雖然景氣起伏大，公司依舊賺錢，但後來擴建廠房未做好隔離防塵措施，產品檢驗不合格而無法交貨，損失慘重，不得不第二次增資。」

此時，「有些股東就不再參與了，但陳哲芳還是繼續挺我，」張平沼回想當年，硬著頭皮籌資，之後果真開花結果，燿華電子在一九九七年十二月上市，正式掛牌時股價一百多元。從此，兩人「焦不離孟、孟不離焦」。

情義相挺，相互支持

張平沼一手主導金鼎證券、環華證券金融等公司成立，都可見陳哲芳和耐斯、愛之味集團的參與。甚至在之後，開發金控欲併購金鼎證券，耐斯、愛之味集團便力挺金鼎證券，共同展開一場經營權保衛戰；而當耐斯、愛之味集團要取得國票金的經營權時，金鼎證券也動用集團力量全力支持。

「買辦公室時，竟然同樣買在東帝士大樓，」張平沼說，金鼎證券和耐斯、愛之味的總部，不約而同都設在同一棟大樓。半世紀好友的默契，在無形中發酵。

不過，張平沼並非唯一深受陳哲芳感動的人。

花蓮燕聲電台董事長莊坤元已屆九十高齡，但他即使行動不便，口語表達能力大為減退，在得知作者要採訪他談陳哲芳時，仍難掩興奮、激動，他說：「燕聲四十週年慶時，陳哲芳特別交代，載了一卡車的愛之味麥仔茶，送到電台來。」

兩人相知相交的過往，未曾因歲月荏苒而流逝。

由於廣播影響力式微，耐斯在全國廣播網的廣告曾全面叫停，「我跟陳哲芳半開玩笑說，燕聲不能停喔，沒想到，他真的沒有停掉燕聲的廣告，」莊坤元感激地說：「耐斯、愛之味集團對燕聲的貢獻最大，整棟電台建築，可以說是耐斯幫忙蓋起來的。」

海內存知己，親如家人的情誼

不僅和張平沼、莊坤元，情如兄弟，還有一位遠在美國東岸、陳哲芳三個兒子口中的「許伯伯」許坤德，兩人也是認識半世紀的莫逆之交。

在耐斯創業之初，香料供應商是日本最大的高砂香料，許坤德是高砂在台駐在員，負責在台灣推廣香料；一九六五年間，有一次日本公司派人到嘉義舉辦商品說明會，許坤德在現場負責翻譯、解說。時值耐斯正在開發洗髮粉，陳哲芳也在說明會現場仔細聆聽。「他一直問問題，我對他印象特別深刻，」許坤德記得，後來高砂成為耐斯的香料供應商，「只要不懂的地方，他都會很誠懇地問我。」

之後，許坤德離開高砂，自行創設立邦香料公司，代理進口美國最大香料公司的產品，曾多次安排陳哲芳到美國香料工廠參觀，立邦也成為耐斯代理香料的合作廠商。「他的點子特別多，參觀時經常會問東問西，嗅覺非常靈敏，對於香料的選擇非常有遠見，」許坤德說。兩人互動關係加深，是在一九七八年許坤德舉家移民美國後，陳哲芳每到美國東岸必定會和他見面，「他到美國一定住在我家，我會跟他分享，哪些是最新、最受歡迎的香精，他會帶最新的產品回去研究。」

兩人的友情不僅未因地理相隔而中斷，甚至，一九八四年，陳哲芳決定讓三個兒子當小留學生，洪玉英陪孩子們遠赴美國加州讀書，但後來覺得美國東部的教育氛圍對孩子比較好，決定轉換到美東的學校就讀，一家人便暫住在許坤德位於紐澤西的家中，直到覓得新居為止。

從陌生到熟悉，從諄諄求知轉為互通有無，在事業上相互提攜牽成，從兩個人的情誼變成兩家人的互動，見證了陳哲芳與人相交誠摯以待的真心，也映照出他追求互惠共好的用心。

攜手推動兩岸經貿交流

「商場上沒有長久的朋友，」尤其當合資、合夥事業牽扯到利益、權利的角力，張平沼明白箇中道理，不勝唏噓：「但我們一路走來，比親兄弟還要親，在我一生中，找不到第二個像他這樣的朋友。」

在陳哲芳當選工業團體國大代表後，時隔三年，增額立法委員選舉登場，陳哲芳即鼓勵張平沼出來競選工業團體立委。不過，當時國民黨已決定人選，張平沼因而轉戰台灣省商業團體提名參選，並順利當選立委。自此之後，兩人在政壇及商場上，成為形影不離的哥兒倆。例如，為引進及推廣商品條碼，協助政府推行商業現代化，創立中華民國商品條碼策進會，便是由張平沼為董事長，陳哲芳為常務董事。

兩人在海峽兩岸經貿事務貢獻良多，尤其是打破兩岸僵局，攜手推動許多劃時代的創舉。例如，為促進兩岸經貿交流及維護兩岸廠商權益，一九八九年，創立海峽兩岸商務協調會，張平沼為創會會長，陳哲芳是顧問，積極爭取開放兩岸經貿交流，終於在一九九〇年，政府准許工商業界赴大陸考察，也從而促成了一九九一年海基會的成立，兩人都是海基會創會董事，並都曾擔任海峽兩岸民意交流基金會副董事長。

催生花蓮海洋公園

張平沼說，陳哲芳雖然學歷不高，但腦袋很靈活，「他見識廣博，經驗相當豐富，而且經歷過的都記得，又善於把經歷過的見聞表達出來，成為開創的想法，是點子王，」甚至，他提到，「我的公司名字都是他取的。」而陳哲芳廣結善緣的人脈與企圖心，所帶來的影響，不只展現在政界與商界，也深入一般民眾生活。

在陳哲芳擔任監察委員、張平沼任立委時，即和後來成為鄭杏泰製藥老闆的謝東波、莊坤元等人，在花蓮拓展事業，成立佳麗谷育樂事業。這次合作雖然最後無疾而終，但在東部尋找商機，共同創業的熱情並未止息；一九八八年，四人成立東海岸休閒開發公司，之後意外催生出花蓮海洋公園。

一九九〇年，陳哲芳和張平沼到花蓮，莊坤元請他們到壽豐鹽寮海邊餐廳吃海產，席間閒話家常，不禁讚嘆當地海天一色、風景秀麗，突然話題轉到陳哲芳參與的亞哥花園和耐斯的劍湖山世界，經營得有聲有色，何不在鹽寮再創一個經典代表作？

三人起心動念之後，找上遠雄建設董事長趙藤雄討論，趙藤雄認為，要做就把規模做大，最後投資案一再加碼，收購了五十甲土地，在遠雄集團主導規劃下，投資了數百億元，打造出獨具特色的花蓮海洋公園，成為台灣第一座海洋生態主題樂園，耐斯、愛之味集團始終是股東之一。

好學不倦，情義相交

除了商界、政界，陳哲芳在學術界也不乏知交好友，中華大學校長劉維琪便是其中一個例子。

一九八七年時，劉維琪還是中山大學教授，因緣際會認識當選第一屆監察院第三次增額監察委員的陳哲芳；後來，劉維琪擔任國民黨黨營事業中央投資公司總經理，陳哲芳則任職國民黨黨營事業管理委員會，在公務場合曾有多次接觸機會。

傳統產業出身的陳哲芳，對於財務工程了解有限，但當時正值他有意改造寶華銀行的關鍵時刻，「那是非常複雜的財務工程，我們經常在他家樓下的咖啡廳討論，花很長時間慢慢跟他解釋要怎麼救寶華，」劉維琪回想那段並肩作戰的日子，「他都很有耐心地聽，我們常常一談就到半夜十二點。」

儘管相處時間不長，但陳哲芳展現的好學精神，令劉維琪印象深刻。

方圓自在，寬嚴得宜

同樣經常聊到半夜的，還有世新大學前校長吳永乾。洪玉英笑稱他是「哲芳大學夜間部」的成員，因住家相距不遠，吳永乾經常晚上飯後到陳家陪陳哲芳聊天，往往聊到晚上

十一、二點才回家。

吳永乾與陳哲芳相識在二〇〇〇年左右，他在中央產物保險擔任法律顧問，「當時我協助他處理公司和家族的幾個法律案件，他就一路提拔我到現在。」

從寶華銀行的常務董事、國票金監察人到愛之味獨立董事，吳永乾在耐斯、愛之味集團備受重用，而他眼中的陳哲芳更是一位相當重情重義的人：「只要有恩於他，或曾幫助過他的人，他始終惦記在心，會給予實質回饋。」

對於陳哲芳的待人處事，吳永乾用「方圓自在、寬嚴得宜」來形容：「他為人厚道，對人很和氣，對該照顧的人會非常照顧；對幹部，雖然很嚴厲，有時候也的確會罵人罵得很凶，但他更是會一再給部屬機會去學習、修正，而不會記恨或記仇。」

亦兄亦友的企業家

朋友眼中的陳哲芳，是人品好、個性正直的企業家，而這也是陳哲芳觀察朋友是否值得深交的重點。

「只要是他認為值得交往的朋友，他會非常熱情；反之，若是行事不正派，就往往很難與他多所來往，」吳永乾認真描述他眼中的陳哲芳。

十八歲之前就認識陳哲芳的陳捷雄，是英統建設公司董事長，也是英倫企業董事長蔡連樹的外甥，兩人曾在嘉義市延平街比鄰而居。談起陳哲芳，陳捷雄二話不說，只有一句：「他是我的朋友，也是兄長。」陳捷雄小陳哲芳四歲，對他來說，陳哲芳亦兄亦友，兩人相識逾六十年，至今仍對他非常感念。

念舊惜情，不吝回饋與分享

「每次回嘉義，只要一下高鐵，他就會打電話給我，」陳捷雄說，陳哲芳與他經常相約在路邊攤或耐斯飯店的台灣小吃，簡單的一頓飯，吃的是念舊惜情。

過世前一天下午，陳哲芳曾打電話給人在台北的陳捷雄說：「你來，我們在家吃飯。」陳捷雄覺得有點反常，「他非常好客，但從來沒有在他家吃過飯。」本想在家吃過晚飯再去他家聊天，但陰錯陽差，那天未見上一面，徒然永留遺憾。

陳哲芳對朋友非常好，「和一般的企業家很不同，很念舊、重情分，只要見面就會詢問以前泛亞（寶華）銀行同事的近況，很關心他們，」劉維琪深刻感受到他對老同事發自內心關懷的溫暖。

「他是很懂得回饋和分享的人，」吳永乾形容，不論是吃到好吃的美食、認識好朋友、有好的機會，他都不會吝惜跟朋友分享。

問起朋友們如何形容陳哲芳這個人？「博觀約取，厚積薄發」，吳永乾以宋代詩人蘇軾的名句，對陳哲芳的一生，下了注解。

結語
終點，也是起點

三歲的陳哲芳提著小竹籃，跟著九歲的大姊陳麗如在地瓜田、甘蔗田裡拔野菜。「我拿簾刀割『刺杏』（刺莧），他負責採『刺殼舅』（紫鼠麴草），回家餵豬、餵鵝；空襲警報一響，我就拉著他鑽進田底下的防空洞……」這是四〇年代台灣人生活的日常，但在陳麗如心中，七、八十年前的一切，至今回憶起來，彷彿歷歷在目。

她說，一九四四年，第二次世界大戰戰事正熱，爸爸在田裡挖了兩張床般大小的防空洞，讓老人小孩躲避空襲；年紀較長的三個哥哥在外地求學，她儼然是家中老大。每天一早，祖父母和她便帶著兩個妹妹、兩個弟弟躲在郊外，天黑了才回家過夜。

更加深印在陳麗如心中的，是陳哲芳的身影。有一天，陳麗如在防空洞裡聽到腳步聲，探頭出來看，只見陳哲芳指著一處直說：「耳朵很長的老鼠，跑掉了！」大人猜想應該是野兔，但循著他手指著的方向，什麼都沒看到。接著好幾天，只聽他喊著「耳朵很長的老鼠」。幾天後，隔壁地瓜田的農夫挖出一窩大大小小的野兔。在物資缺乏的年代，那窩野兔消失之後，他還是每天看著野兔出沒的地方若有所思，小小的心靈充滿失落感。

談起近八十年前的往事，陳麗如卻感覺回憶洶湧心頭，忍不住感慨：「他從小就心思細膩、觀察力強，對周遭事物溫暖而有愛。」

重視朋友，相信人性本善

俗語有云：「從小看大，三歲看老。」避難時，在防空洞裡無所事事，陳哲芳便靜靜地跟著陳麗如蹲在洞口看書，在她的記憶中，陳哲芳小小年紀就懂得孝順長輩，不時會幫阿公、阿嬤抓背，而且，「未曾看過他和人爭到面紅耳赤，從不為小事與人計較。」

「他很惜情、很有愛心，」陳麗如回溯過往時，說了一個故事。

早年，家鄉東和村一位村民到嘉義耐斯工廠當警衛，太太生病住院，後來不幸往生，而他卻因此積欠了大筆醫療費用，無力償付。陳哲芳得知後，不僅為村民付清欠費，並幫忙辦理後事，負擔全部喪葬費用。類似這樣的情況，並非特例，陳哲芳經常無條件幫助同鄉，也盡力為鄉里間經濟困難的家庭，安排子女工作機會。

若朋友有難求助於他，他更是幾乎有求必應。常有朋友為軋三點半，向他調頭寸，而他但凡是自己能夠幫忙的，就一定會出手，因為他心裡想的是：「如果幫忙可以讓他安渡關卡，等於救一個人、救一家公司。」對於人性，陳哲芳相信人性本善，總說「人家若有能力還錢，一定會主動還錢」，做人只要「心存善念，盡其在我」就好。

然而，人沒有十全十美，陳哲芳也曾遇到借款多年未還的例子。遇到這種情況，家人提到是否要提醒友人，但他卻反問：「如果提借錢的事，以後不能再做朋友；如果不提，以後對方還會和你見面、吃頓飯。這兩條路，你要選哪一條？」面對類似問題，一般人可能會思考一陣子，但陳哲芳只會毫不猶豫地選擇後者。這一點，家人、朋友堅信不移。

敬而無失，恭而有禮

陳哲芳始終堅持自己的原則，堅韌不拔，厚積薄發，如同《論語》有云：「君子有三變，望之儼然，即之也溫，聽其言也厲。」他雙目炯炯有神，對家人和員工來說，不怒而威。然而，心胸寬大、廣結善緣、真誠待人、與人為善、交遊廣闊……，卻是許多人提到陳哲芳時，異口同聲的形容詞。

當他過世後，靈堂設置在耐斯、愛之味集團台北總管理處玉山廳，前去弔唁的人川流不息；二〇二二年一月八日，在雲林古坑和園會館舉行公祭時，政界、商界許多好友故舊專程南下，逾千人到場參加，在人生最後一程送他遠行。「君子敬而無失，與人恭而有禮」，在陳哲芳的追思影片中，引用了《論語》中的一段話來形容他。而這段話的下一句，是「四海之內，皆兄弟也。君子何患乎無兄弟也？」俗話說：「人走茶涼。」但是在他離世後，仍有許多人不辭勞苦前往送行，或許正與他為人處事的態度不無關係。

除此之外，念舊、惜情的性格，讓陳哲芳始終心繫孕育他成長的故鄉。即使交棒後，「他仍閒不下來，幾乎每週回嘉義、雲林，到工廠、和園、劍湖山，或是回東和老家，即使沒事也要到處看看，會會老友再回台北，」陳哲芳夫人洪玉英說。與兄弟一起打拚出來的一景一物，更令他心心念念。走到生命終點時，也選擇長眠在他最喜愛的和園。

一個從雲林縣古坑鄉東和村鄉下出身的農家小子，與兄弟一起經營家族事業，為照顧

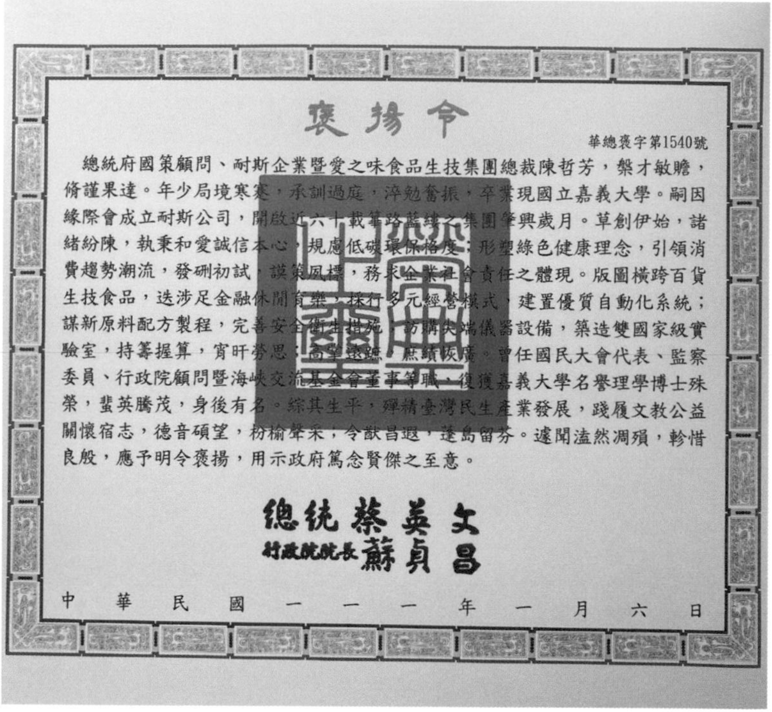

褒揚令

華總褒字第1540號

總統府國策顧問、耐斯企業暨愛之味食品生技集團總裁陳哲芳，槃才敏贍，脩謹果達。年少局境寒窶，承訓過庭，淬勉奮振，卒業現國立嘉義大學。嗣因緣際會成立耐斯公司，開啟近六十載篳路藍縷之集團肇興歲月。草創伊始，諸緒紛陳，執秉和愛誠信本心，規慮低碳環保格度；形塑綠色健康理念，引領消費趨勢潮流，發研初試，謨策夙標，務求企業社會責任之體現。版圖橫跨百貨生技食品，迭涉足金融休閒育樂，採行多元經營模式，建置優質自動化系統；謀新原料配方製程，完善安全衛生措施，訪購尖端儀器設備，築造雙國家級實驗室，持籌握算，宵旰勞思；高掌遠蹠，庶績恢廣。曾任國民大會代表、監察委員、行政院顧問暨海峽交流基金會董事等職，復獲嘉義大學名譽理學博士殊榮，蜚英騰茂，身後有名。綜其生平，殫精臺灣民生產業發展，踐履文教公益關懷宿志，德音碩望，枌榆犖采，令猷昌遐，蓬島留芬。遽聞溘然凋殞，軫惜良殷，應予明令褒揚，用示政府篤念賢傑之至意。

總統 蔡英文
行政院院長 蘇貞昌

中華民國一一一年一月六日

陳哲芳辭世後獲頒總統褒揚令，表彰其一生戮力民生產業，且不忘關懷文教公益。

家族成員而不斷擴展事業版圖，打造出數百億元資產的企業集團；從在工商界發展長才的企業家，到跨入政壇，成為最年輕的國大代表、監察委員，在政、商兩界展現實力……，「他是陳家百年來的奇才！」陳哲芳大哥陳鏡潭連連說出這句話，對四弟讚譽有加。

綿長的影響力

「海闊憑魚躍、天高任鳥飛」猶如陳哲芳一生的寫照，方圓自在，優游在廣闊天地間。陳哲芳從使命感出發，不停開創新事業，一路掌握時代脈動和商機，為民生經濟、為家族成員，持續開展事業版圖。他又富有創意，在傳統和創新之間，創造無數經典。

他始終不忘初心，堅持延續家族傳統，以和為貴，秉持誠信原則，追求共榮共好，與家族成員努力推動企業成長發展，從耐斯566洗髮精、澎澎香浴乳、泡舒洗潔精、白鴿洗衣精，到愛之味脆瓜、麥仔茶、鮮採蕃茄汁、純濃燕麥……，許多經典之作醞釀成為陪伴台灣人成長的記憶，為台灣民生經濟發展做出貢獻，也在台灣與國際接軌的經貿發展歷程中竭盡心力。八十歲的他，在生命走到終點之際，所留下的影響，仍正綿長。

附錄

耐斯、愛之味集團大事紀

共同創辦人：陳鏡村、陳哲芳

陳哲芳生平及事蹟：

一九四一　五月三十日（農曆五月五日），出生於雲林縣古坑鄉東和村

一九五九　嘉義農校畢業

一九六四　與三哥陳鏡村共同創立明光化工社，生產「耐斯洗髮粉」

一九六六　明光化工社更名為耐斯企業

一九六八　與洪玉英結婚

一九七〇　成立七陽食品，生產「沙漠樂」果汁

一九七一　創立國本產業，生產「土地公牌飼料」
國本產業成立食品加工廠，生產愛之味脆瓜等醬菜產品

一九七三　耐斯「５６６洗髮精」上市

一九八〇　當選全國工業團體國大代表
當選第六屆中華民國十大傑出企業家
耐斯推出「澎澎香浴乳」

一九八一　獲聘亞東關係協會顧問

一九八三　國本產業更名為愛之味公司

一九八六　當選監察委員

成立劍湖山育樂公司

耐斯推出「泡舒洗潔精」

愛之味「妞妞甜八寶」上市

一九八八　取得法國最大化妝品集團萊雅台灣代理權

一九八九　十月二十八日，愛之味股票上市

一九九〇　成立台灣新日化公司

劍湖山世界開幕營運

愛之味「牛奶花生」上市

一九九一　成立高野農業生技公司（後更名為高野健康生技公司）

出任海峽交流基金會創會董事

一九九四　愛之味「莎莎亞椰奶」上市

耐斯推出「白鴿洗衣精」

一九九五　愛之味「麥仔茶」上市

一九九六
買下台富食品工業公司
獲總統李登輝聘任國策顧問

一九九七
出任中正大學學術基金會董事長
出任財團法人歐洲文教交流基金會董事

一九九八
三月十二日，劍湖山股票上櫃
出任財團法人亞太文經學術基金會董事

一九九九
成立台灣第一生技公司
耐斯推出「白帥帥洗衣精」

二〇〇二
劍湖山渡假大飯店開幕
成立雲乳食品公司
出任財團法人中正大學學術基金會榮譽董事長
愛之味「鮮採蕃茄汁」上市

二〇〇四
成立愛健生命科學公司

二〇〇五
愛之味「健康の油切綠茶」（第一代分解茶）上市
獲總統陳水扁聘任國策顧問

二〇〇六
耐斯百貨廣場和耐斯王子大飯店開幕

二〇〇八　愛之味「純濃燕麥」上市

二〇一〇　接任愛之味董事長

出任財團法人海峽兩岸民意交流基金會副董事長

二〇一一　出任財團法人海峽兩岸民意交流基金會董事

二〇一四　出任監察院顧問

出任中華民國全國商業總會顧問

二〇一五　與雀巢食品公司簽訂授權代理合約

獲頒嘉義大學生命科學院榮譽理學博士

出任台灣工商企業聯合會首席顧問

二〇一六　獲總統蔡英文聘任國策顧問

二〇一八　卸任愛之味董事長，由三子陳冠翰接任

二〇一九　出任監察院最高顧問

二〇二一　出任中華民國全國工業總會最高顧問

出任中華文化總會執行委員

十月三十一日，病逝於台北

財經企管 BCB797

耐斯、愛之味共同創辦人
陳哲芳傳
創新・膽識・人和

作者 — 傅瑋瓊

企劃出版部總編輯 — 李桂芬
主編 — 羅玳珊
責任編輯 — 羅玳珊
美術設計 — 劉雅文（特約）
圖片提供 — 耐斯、愛之味集團

遠見・天下文化 事業群榮譽董事長 — 高希均
遠見・天下文化 事業群董事長 — 王力行
天下文化社長 — 林天來
國際事務開發部兼版權中心總監 — 潘欣
法律顧問 — 理律法律事務所陳長文律師
著作權顧問 — 魏啟翔律師
地址 — 台北市 104 松江路 93 巷 1 號 2 樓
讀者服務專線 —（02）2662-0012
傳真 —（02）2662-0007；2662-0009
電子郵件信箱 — cwpc@cwgv.com.tw
郵政劃撥 — 1326703-6 號　遠見天下文化出版股份有限公司
出版登記 — 局版台業字第 2517 號

電腦排版 — 立全電腦印前排版有限公司
製版廠 — 中原造像股份有限公司
印刷廠 — 中原造像股份有限公司
裝訂廠 — 中原造像股份有限公司
總經銷 — 大和書報圖書股份有限公司 電話／(02)8990-2588
出版日期 — 2023 年 8 月 18 日第一版第 1 次印行

定價 — 新台幣 500 元
ISBN — 978-626-355-187-9
EISBN — 9786263551930（EPUB）；9786263551947（PDF）
書號 — BCB797
天下文化官網 — bookzone.cwgv.com.tw

國家圖書館出版品預行編目(CIP)資料

耐斯、愛之味共同創辦人 陳哲芳傳：創新.膽識.人和 / 傅瑋瓊著. -- 第一版. -- 臺北市：遠見天下文化出版股份有限公司, 2023.08
324面；14.8×21公分. -- (財經企管；BCB797)

ISBN 978-626-355-187-9(平裝)

1.CST: 陳哲芳 2.CST: 傳記

783.3886　　112005571